ピークアウトする中国

「殺到する経済」と「合理的バブル」の限界

梶谷 懐・高口康太

文春新書

1481

まえがき

経済減速が生んだ中国社会の閉塞感

中国社会で無差別殺傷事件が多発している。私たちが本書の原稿をほぼ書き上げた2024年11月に限っても多くの事件が起きた。11日には広東省珠海市の運動施設で男が車を暴走させ、35人が死亡し43人が負傷した。また16日には江蘇省無錫市の職業専門学校で元学生の男が刃物を振るい、8人が死亡した。さらに19日には湖南省常徳市の小学校前で登校中の児童たちの中に車が突っ込んだ。この他にも公式な発表はないが、暴走した車が無差別に人をはねる事件が複数発生していると伝えられる。

これに先立って、6月には江蘇省蘇州で日本人学校のスクールバスが、さらに9月には深圳で登校中の児童が刃物を持った男に襲われ、蘇州ではバスの案内係の中国人女性が、深圳では児童が死亡するという痛ましい事件が起きており、日本でも大きく報道されていた。

中国の一部世論では、これらの無差別殺傷事件を、敵を残忍なやり方で大量殺戮したとされる明末の農民反乱の指導者になぞらえて「献忠《シエンチヨン》」と呼ぶようになった。また、その動機について、生活に行き詰まり人生に絶望した人々が「社会に報復」したとの見方が広がっている。事件の加害者を呼ぶ言葉として「無敵の人」という、失うものがなく犯罪を起こすことに何の躊躇もない人を指す日本生まれのスラングも普及しつつある。

日本人学校の襲撃事件に関しては、反日感情の高まりとショート動画によるデマ投稿が原因だという指摘もある。しかし、無差別殺傷事件がこれだけ多発した背景としてだれもが否定できないのが、経済の落ち込みからくる社会の閉塞感だ。例えば、上記の無錫市における事件の容疑者は、専門学校の卒業試験に合格できなかったことや、実習先での報酬に不満を持っていたという。一連の事件ではほとんどの場合で動機が明らかにされていないが、経済的に窮地に陥った人が怒りの矛先を恨みのある特定の相手ではなく、社会全体、すなわち市民に対して向けていることをうかがわせるようなケースが多い。

裏返せば、2024年における中国経済の状況はそれほどまでに深刻だと言える。これまでにも多くの社会問題はあったものの、高成長を続ける経済が不満や閉塞感の拡大を押し止める防波堤となっていた。それが、中国経済の低迷、特に本書でも詳しく論じる不動産価格の低迷によって、いびつな形で顕在化してきている。無差別殺傷事件に象徴される社会の閉塞感は、とりあえずはこういった文脈で理解できるだろう。

不動産危機とEV急成長はコインの裏表

ただ、中国経済の理解は一筋縄ではいかない。マクロの経済状況にだけ注目すると悪化ばかりが目につくが、別の面に目を向けると一部の新興産業の快進撃という明るいニュースもある。特に電気自動車（EV）、太陽光パネル、リチウムイオン電池は「新三様（新三大輸出製品）」と呼ばれ、ヨーロッパをはじめとして世界の市場を席巻しつつある。脱炭素に不可欠な次世代の産業で、中国企業、特に大手EVメーカーのBYD（比亜迪股份有限公司）をはじめとするリーディングカンパニーは圧倒的なまでの競争力、先進国の企業がまともに戦っても太刀打ちできない実力を身につけた。欧米諸国は警戒を強め、関税の引き上げなどの対抗策を打ち出しているが、中国側はそんな批判はどこ吹く風といったおもむきで、新興国をはじめとした海外への製造拠点の移転を積極的に進めている。

マクロ経済の低迷、それに由来する社会全体の閉塞感と、それをものともしないような一部の民間企業の躍進が共存している。中国経済の現状は暗いのか、明るいのか。どこに目を向けるかで見える景色がまったく違うのが、現在の中国経済の本質であり、それだけにその実像は一般にはなかなか理解されない。

中国経済に関する書籍はしばしば、楽観論もしくは悲観論、どちらかに大きく偏りがちである。そうした中で本書の特徴は、不動産市場の低迷による需要の落ち込みと、ＥＶをはじめとする新興産業の快進撃と生産能力過剰という二つの異なる問題を、中国経済が抱えている課題のいわばコインの裏と表としてとらえる点にある。

なぜなら、これら二つの問題はいずれも「供給能力が過剰で、消費需要が不足しがちである」という中国経済の宿痾とも言うべき性質に起因しており、それが異なる形で顕在化したものにほかならないからだ。「光」と「影」は同じ問題から発しているのだ。

不動産価格の低下から生じた経済不振によってピークアウトを迎えた中国経済には、これまでにない、大きな不確実性が生じている。そのことが冒頭に述べた社会の閉塞感を生んでいるのも事実だ。しかし、影の部分が拡大しているからと言って、光の部分に全く目を向けなければ、やはり問題の本質を見誤るだろう。

中国経済は過去20年にわたり世界経済を牽引する存在であった。とりわけ日本経済にとって、中国は製造拠点としても市場としてもきわめて重要な存在であった。その中国がどのような岐路にさしかかっているのか、今何が起きているのか、そしてどのような未来へと向かうのかを知ることはきわめて重要だ。表面的なトピックではなく、複雑でわかりにくい話であっても、現在の混乱をもたらしている本質的な問題とは何かを、論理的な整合性をもって理解することは不可欠だ。それが、私たちが本書を執筆する上で何よりも重要視したことである。

本書の構成

以下、本書の構成を簡単に説明しよう。

本書前半の第1章から第4章では中国の不動産市場の危機を取りあげている。

まず、第1章では、中国不動産市場で何が起こっているのか、著者の一人である高口が行った現地取材を中心として現状を描いていく。

第2章では、コロナ禍以降の中国のマクロ経済政策を取りあげる。新型コロナウイルスの流行に伴う金融政策は、きわめて迅速かつ大胆だった一方、財政の拡大は限定的で、他国と比べても小規模だった。そのことはその後の不動産不況に直結する。

第3章では2010年代にブームを迎えた、都市開発と不動産リスクとの関係について取りあげる。当時の都市開発は先進地域の沿海部から遅れた内陸部に主要な舞台が移ったが、そのことがその後の不動産市場の歪みにつながっていく。

第4章では、なぜ中国の不動産価格はこれまで長きにわたって上昇を続けてこられたのか、そのからくりを「合理的バブル」というキーワードによって解明する。その背景には社会保障全般、特に賦課方式の年金制度の不備がある。

後半となる第5章以降では、不動産価格の下落による社会の悲観ムードと、新興産業が台頭し、海外の市場を席巻するというイケイケの状況が共存しているのはなぜか、という本書における核心的な「問い」に迫っていく。

まず第5章では、高口による中国現地取材、在日中国人へのヒヤリングを中心に、中国社会で高まる悲観論が個人と企業をどう変えたのかを見ていく。

第6章では、不動産危機と共に顕在化した、地方政府の財政難を取りあげる。現下の地方財政の苦境は、「中央と地方の綱引き関係」という中国経済が抱えるもう一つの難問の存在も浮き彫りにしている。

第7章では、新興産業の代表としてEV産業を取りあげ、産業政策ならびに「殺到する経済」をキーワードに、その台頭の背景と要因を探る。政府の補助金と、「殺到する経済」

とも評される旺盛な市場競争がもたらした強大な供給能力は、一方でなかなか拡大しない国内消費という需要サイドの課題をも浮き彫りにした。

最終章である第8章では、「供給能力が過剰で、消費需要が不足している」という中国経済の根本的な課題に注目し、本書で論じてきた新興産業の台頭という「光の部分」と、不動産不況がもたらした経済低迷という「影の部分」をつなげる議論を行う。

本書の執筆中、2024年11月5日に行われた米大統領選挙では、共和党候補のトランプが民主党候補のハリスに圧勝し、政権発足とともに大幅な関税の引き上げが行われるとの憶測を呼んでいる。このことは、高成長が続いた時代が終わりを告げ、将来像が不透明になっている中国経済の不確実性をますます高めるだろう。

しかし、たとえそうなったとしても、本書で論じた中国経済の構造は短期的には変化しないと見ている。「殺到する経済」という言葉で表現される、製造業における柔軟さと圧倒的なコスト削減能力という〝強み〟、その強い製造業の供給能力を吸収するだけの国内需要の広がりを欠きがちという最大の〝弱み〟は今後も継続していくだろう。

その意味では、本書は中国経済のピークアウトという時事的な関心に応えたものでありながら、より射程の長い議論として展開した。その課題をクリアできているかどうかは、読者の判断にゆだねたい。

注：なお、本書で参考にした文献は巻末にまとめ、文中で（梶谷、2018）のような形で適宜言及した。また、インターネットから入手した情報などはこれとは別に章末に注として記した。

ピークアウトする中国　「殺到する経済」と「合理的バブル」の限界　◎目次

第1章　中国の不動産市場に何が起きているのか？

第1章から第4章では中国の不動産市場の危機を取りあげる。始まりとなる第1章では、中国不動産市場で何が起こっているのか、現地取材を中心として現状を描いていく。核となるトピックは「10年野ざらしの未完成建築、突然の工事再開」「荒野の巨大幽霊タワマン」「チャイニーズドリームの終焉」の三つだ。続く第2章では短期の不動産リスクを分析し、第3章で中期、第4章で長期のリスクを取り上げる。

その意味で本章は言ってみれば、推理小説における「読者への挑戦状」のような役割を果たす。現地の実情とともに様々な謎を提示し、それらが中国不動産市場の危機にとってどのような意味を持つのか、その「謎解き編」を第2章から第4章でくり広げていく。

1．不動産市場の現状

半減する不動産市場

現地の状況を伝える前に簡単に統計を押さえておこう。

今回の不動産危機はどれほど深刻なのか。図１-１および１-２で確認しよう。まず、図１-１に示された商品住宅販売額の推移をみると、２０２１年の15兆元をピークに急落し、２０２３年は約３割減の10兆元台にまで縮小していることがわかる。図１-２は販売額に加え、商品住宅販売面積の対前年比の変化率を示したものだが、特に２０２２年における販売額の落ち込みが年率で30％を超す急激なものだったことがわかる。２０２４年に入っても下落は止まっていない。１～９月の累計は前年同期比マイナス24％となり、このままいけばピーク時の半分ほどの水準を記録することになる。

中国の「不動産バブル」の始まりは、１９９０年代初頭にまで遡る。そこから中国の商品住宅販売額は、ほぼ一貫して右肩上がりを続けてきた。ニッセイ基礎研究所の客員研究員、三尾幸吉郎の指摘によれば、国際的にみて住宅価格は年収の４～６倍が合理的な価格だとされるが、中国は１９９７年の時点で８・７倍にまで達していた（三尾、２０１９）。国際的な基準によれば、中国の不動産市場はこの時期から非合理的な高水準にある、すなわち「バブル」だったと言えるかもしれない。ただ、この状況が悪化し続けたわけではない。住宅価格は年収の７～８倍あたりの水準を保ったままずっと推移してきたのだ。

それはなぜだろうか。一つには中国人の収入が不動産価格と同ペースで上昇してきたこ

図 1-1　商品住宅販売額と一人当たり可処分所得の推移

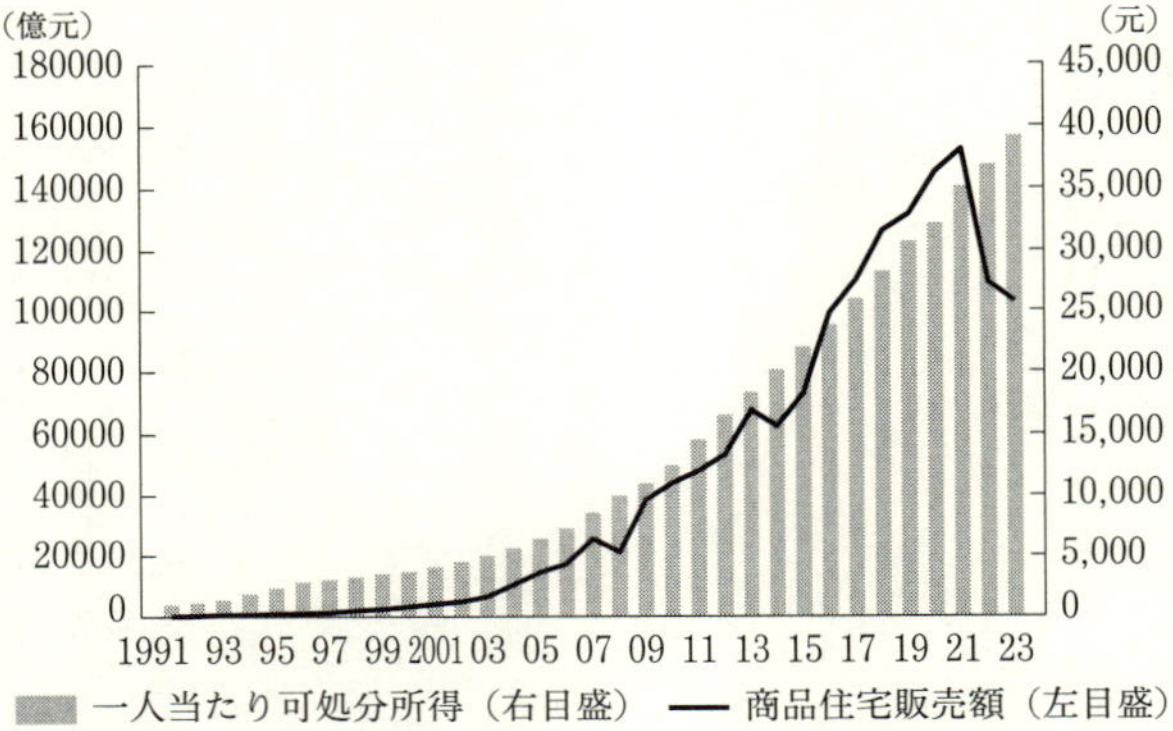

出所：CEIC Data、国家数拠（https://data.stats.gov.cn/easyquery.htm?cn=A01）

図 1-2　商品住宅販売額／面積の変化率（年初からの累計額、対前年比）

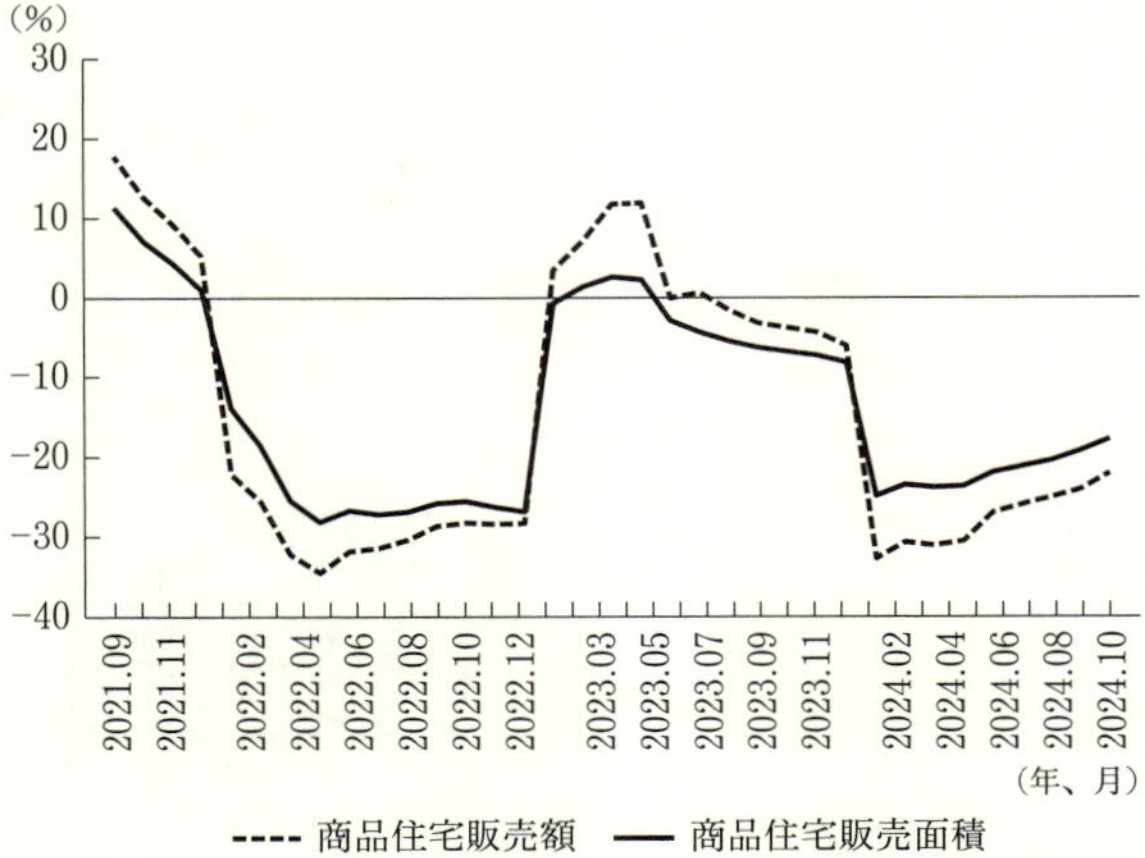

出所：国家数拠

とが挙げられる。図1―1を見ると、一人当たり可処分所得と商品住宅販売額がほぼ同じペースで上昇していることがわかる。

もう一つの理由は中国政府が住宅の価格をコントロールしてきたためだ。中国の住宅政策を見ると、だいたい3年おきに緩和と規制を繰り返していることがわかる（表1―1）。まるで、アクセルとブレーキをこまめに踏み替える下手な運転手のようだが、結果としてこの30年間、不動産市場を安定させてきたのだからたいしたものだ。商品住宅販売額が前年比でマイナスとなったのはリーマンショックの影響を受けた２００８年と、輸出不振や過剰生産能力、住宅在庫の増加などの問題が重なり経済が減速した２０１４年の2年だけだ。30年の安定が続いた後だけに、２０２１年以降の不振がいかに異例かおわかりいただけるのではないか。

この影響は甚大で、あらゆるところに波及している。

まず、不動産市場の低迷は国家経済にとって打撃である。不動産は中国経済の柱だ。内装や家電、引っ越しなど関連産業も含めると、ＧＤＰ（国内総生産）の30％を占めるとされる。そして、国民一人一人にとっても大きな損失だ。というのも、家計資産のうち70％は不動産が占めているからだ。持ち家、つまり中古不動産の価値がどの程度下がったのか

表 1-1　住宅政策の歴史

年	政策	概要
1978～	↑	文化大革命の終了後に始まった改革開放政策とともに一部地域で商用住宅販売が始まる。
1992～	↑	鄧小平の南巡講話で改革開放維持の方針定まる。これを受け不動産市場が過熱。
1993～	↓	不動産規制。乱立したディベロッパーの取り潰し、土地転がしの取り締まりなど。
1998～	↑	アジア通貨危機後の経済政策として不動産を市場化。住宅配給が完全廃止。
2003～	↓↑	過熱抑制を打ち出すも、SARS 危機を受けただちに緩和に転換。
2005～	↓	不動産投機抑制。2 軒目購入のローン頭金比率、利子の引き上げなど。
2008～	↑	世界金融危機。中国に波及するも強力な景気対策で翌年以後に不動産市場は過熱。
2010～	↓	盛り上がったバブル引き締めのために規制。
2014～	↑	販売低調で住宅在庫が増加。新型都市化に伴う旧市街地再開発政策が中西部の不動産販売上昇の契機に。
2017～	↓	過熱を警戒。「不動産は住むためのものであり、投機対象ではない」と習近平。大都市中心に引き締め。
2020	↑↓	コロナ禍の景気対策で不動産価格急騰。引き締め策として「三つのレッドライン」導入。
2021	↑	大手ディベロッパー・恒大集団の経営危機。地方都市の価格下落。
2022	↑	大手ディベロッパー・碧桂園の経営悪化。不動産危機が鮮明化。政府は建設資金支援など対策強化。
2023	↑	下落止まらず。住宅ローン制限緩和や大都市の購入制限緩和など対策進むも効果なし。
2024	↑	大都市でも価格下落鮮明に。政府は不動産価格下落を正式に認め、大型対策を打ち出す。

↑＝緩和、↓＝規制

を精密に検証することは難しい。立地や条件によって価格が異なる上に、下落局面では売り手が値上がりを待つので売ろうとせず、買い手はもっと下がることを期待して買おうとしない。そもそも取引が成立しづらいので実態がつかめないわけだ。ただ、２０２３年春時点で「主要都市は１割、地方主要都市は２割、地方都市は３割下がった」などと言われていた。全中国人の資産の20～30％が吹き飛んだと見ていい。

国と市民への打撃に加えて、企業への影響も大きい。２０２１年に大手ディベロッパーのエバーグランデ（恒大集団）、２０２３年には業界最大手のディベロッパーであるカントリーガーデン（碧桂園）の経営危機が表面化した。

このダメージは不動産業界にとどまらず、個人消費にも波及した。不動産や株式など保有資産の上昇や下落が個人消費に与える影響を資産効果という。自分の住んでいる家の資産価値が下がったとしても、それで月々の給料が下がるわけではない。それでも資産が減ったとなると、財布のひもが固くなる。個人消費の落ち込みは景気を悪化させ、幅広い業種の企業へと影響が波及することになるだろう。

統計からもはっきりとわかる異例の事態は、中国現地でどのような光景を生んでいるのか。

未完成建築、なぜか工事再開

およそ10年間、野ざらしにされていた未完成建築の工事が再開された。一見すると不動産不況とは真逆のような現象が起きている。

筆者（高口）が目撃したのは天津市郊外の高級高層マンション団地だ。その中央には高さ597メートル、なんと世界一の高さの未完成ビルがそびえ立つ。その名は高銀金融117。周囲には多数の高層マンションや戸建て住宅からなる一大高級住宅地が造成されている。隣にはポロ（馬に乗って行う球技）の競技場まである。そのクラブハウスはヨーロッパの宮殿のようなデザインで、豪華そのもの。競技場利用の会員権は2013年当時で30万ドルだったというからまさに貴族の遊びだ。

高銀金融117は建設開始から7年後の2015年にディベロッパーの高銀地産公司が資金難で破綻、工事がストップしてしまった。その後、野ざらしのままで10年が過ぎようとしている。

ちゃんと壁を作った主塔部はいいが、隣にある付設ビルは柱がむき出しのまま。長年、風雨にさらされてきたので、いたるところにサビが浮いている。この傷みようではもう工事再開は不可能なのではないか。建て直すしかなさそうだ。

周囲の高層マンションはというと、落ち着いた外装、広い歩道、緑豊かな庭園など、高級感が漂う。ただ、建設中断期間が長かったためか、建物の隙間から雑草が顔を出すなど、早くも廃墟感が漂い始めていた。だが、驚いたことに長年放置されていたマンションの工事が再開されていた。近隣にあった食堂で話を聞くと、2022年秋から建設が再開されたという。今さらこのゴーストタウンを完成させてどうしようというのか？　その裏側には中国不動産業界の苦境が隠されていた。

未完成のまま放置され続けた高銀金融117

建設途中で工事がストップした不動産のことを尻尾が潰れた蛇になぞらえて「爛尾楼（ランウェイロウ）」と呼ぶ。実はこうしたランウェイロウはさほど珍しいものではなく、中国各地に存在してきた。ランウェイロウがしばしば社会問題になる背景として、不動産の予約販売制が挙げられる。中国では、不動産の建設中

四半世紀も放置されている、重慶市の瀛丹大厦

に販売契約が完了するのが一般的で、契約してから完成までには平均1～2年がかかるとされる。つまり、購入者にとっては建設中の段階で住宅ローンの返済がはじまってしまう。したがって、もし不動産会社の資金繰りが行き詰まる、資材が高騰するなどのアクシデントによって建設工事がストップすれば、住宅ローンは支払わなければならないのに、物件は引き渡されないという悪夢のような状況に陥る。

　最古のランウェイロウの一つと言われている重慶市の瀛丹大厦《インダンダーシャー》はその典型だ。１９９９年の着工から四半世紀も未完成のまま放置されている。購入者たちは長年抗議を続けてきたが、なんと２０２０年になってようやく購入代金が返済されて決着した。この20年で物価が大きく上昇したことを考えれば大損である。

　予約販売は購入者にとってはリスクだが、ディベロッパーにとっては速やかに資金回収ができる、ありがたい制度だ。少ない資本で大きな建設プロジェクトを実施できたり、あるいはいち早く次のプロジェクトに着手できたりとメリットが大きかった……少なくとも、これまでは。

その状況は２０２１年に始まった不動産危機によって終わりを告げた。それまで好調だった予約販売の件数が急激に減ったため、ディベロッパーのキャッシュフローも激減したのだ。すなわち、不動産会社には新たに現金は入ってこないのに、過去に予約販売で売却済みのマンションを完成させるための債務ばかりが残り、現金が出ていくだけの状態になる。そのため資金不足で工事が中止になるマンションが増えていった。

高銀金融 117 周辺の高層マンション

公式な統計はないものの、中国における未完成マンションは２０００万戸に上るとも推計されている。未完成物件のために住宅ローンの支払いをするのは嫌だと、２０２２年には支払い拒否ブームまで起きる騒ぎとなった。また、ランウェイロウになるというリスクは住宅の買い控えにつながる。

こうした混乱を受け、中国政府は未完成物件の工事を再開するよう、大号令を下した(第4章参照)。それがめぐりめぐって、10年間野ざらしにされていたマンションの工事再開につながったというわけだ。

ただ、未完成マンションの工事を再開しても、新たに欲しがる人がいるのだろうか。公共交通機関は30分に1本の路線バスがある程度。近所にはスーパーもない陸の孤島だ。購入者にとっては未完成のままよりは完成してもらったほうがいいに決まっているが、できればお金を返して欲しいというのが本音だろう。この不便な場所にマンションを買った人々は自分が住むためというよりも、投資目的で値上がりを期待していたのだから。

「未完成物件を完成させよ!」という中国政府の大号令によって、今、中国全土で誰も住みたがらないマンションが続々と作られているのだ。

2. 荒野の巨大幽霊タワマン

陸の孤島を目指して

誰も欲しがらない住宅、それは大都市ではなく、中西部や郊外に多い。俗に「新城」（ニュータウン）と呼ばれるが、開発コストの安い僻地に巨大団地が作られるブームが2010年代半ばから続いたためだ。とてつもなく不便な場所にあるが、ほとんどの購入者は終《つい》の棲家にするわけではなく、しばらく寝かしておいて後は転売すればいいぐらいに考えているので気にならないのだとか。「新城」は僻地にあるために外国人が中国に出張、旅行してもほとんど見かけることはない。それどころか、中国人であっても実際に見た人は少数だろう。中国各地に無数に作られているのにあまり知られていない「新城」、それを確かめるため貴州省貴陽市へと向かった。

到着すると、垢抜けない土臭さが漂ってきた。といっても、開発が進んでいないというわけではない。ビルも道路も立派だが、やる気のなさそうな働き手、道端に広がる露店など、田舎臭さが一目瞭然だった。公園には上半身裸で青空賭け麻雀を楽しむ中年男性の姿が見られた。シャツをまくり上げてお腹を出す、いわゆる「北京ビキニ」のおじさんもいっぱいだ。大都市では、街の文化的イメージを損ねるとして取り締まり対象となったこともあり、かなり数は減ったのだが、貴陽市ではまだまだ健在である。

変わらぬ土臭さに加えて感じられたのが景気の悪さだ。北京市や上海市と比べると、繁華街でもシャッターを下ろしている店が多く、明らかに空気感が違う。

「景気は悪いです。不動産価格も下がっています。私も２０２１年にマンションを購入したばかりですが、もう１割以上は下がりました」

貴陽市のベンチャー企業で働くWさん（30代、男性）は嘆いた。もともと上海市の民間企業で働いていたが、移住してきたのだという。向こうでは手が出なかったマンションが安価で手に入ることも魅力の一つだ。ところが購入するやいなや、不動産危機が始まった。

「貴陽の不動産価格が上がり始めたのは２０１０年代に入ってから。中国の中でも遅いほうなので、まだまだ上昇余地がある。だから不動産価格は絶対に下がらない、上昇神話は続く……と言われていたのですが。自宅として購入し今のところ売却予定はないので困っているわけではないのですが、投資用に購入した知人は大変です」

さて、貴陽市にも近年、多くのマンションが建設されている。今回の目的地となったのが「西南上城」という、碧桂園が建設した巨大高層マンション団地だ。観山湖区という、ついい10年ほど前に農村から市街地に行政区画が変更されたばかりの地域にある。とてつもなく不便な陸の孤島に、誰も欲しがらないマンションを作っている……その典型例というわけだ。

そういう場所だから現地にたどり着くのも一苦労である。市中心部のホテルから1時間ほど路線バスにゆられて終点へ。そこには貴陽西南国際商貿城という巨大な展示場がある。本来は中国内外のバイヤーを招いて貴州省の地元製品を売りつける場所のようだが、コロナの影響なのかほとんどが閉店していた。というわけで、バスの乗客はどんどん降りていき、ついには私一人となった。降りてからさらに徒歩20分。ようやく目的地にたどり着いた。

荒れ地の中に突如出現した「西南上城」

そのスケールはひたすらに巨大だった。片側4車線の立派な道路が荒れ地を貫き、その脇には20階近い高層マンションが50棟ほども並んでいる。敷地は塀に囲まれた、いわゆるゲーテッドマンションだ。こうしたタイプは中国では「小区」、あるいは高級感がある場合には「花園」と呼ばれ、新しいマンションのほとんどがこの形式を採用している。西南上城は歩行者の出入り口に顔認証ゲート、車用にはナンバープレート認証ゲートが設置されているほか、フライトアテンダントのような制服を着た女性スタッフや男性警備員の姿まで見かけた。田舎でこれほど警戒する必要があるのか不思議だが、防犯上は安心できそうだ。

中国メディアの報道によると、西南上城は2016年から建設が始まり、2021年に完成したという。最後に作られた部分は廊下や駐車場の内装がケチられていたとのことで、不動産危機でディベロッパーの資金が消える直前、滑り込みセーフでの完成だったようだ。販売当時は「敷地内に学校やスターバックスが！　豪華な商店街もスポーツジムも完備！すべてがそろっている」がうたい文句だったが、多くが実現していないのだとか。

「別にスタバは要らないですけど、困るのは学校です」

住民の女性によると、名門校の分校が誘致されるという約束だったが、実際にできたのは中学（日本の中学・高校に相当）だけ。小学校がない。不便な場所に建てる代わりに、必要なものは全部そろえるから安心してご購入ください……という約束が反故にされるとなると、確かにしんどい。

ただ、不動産危機がなかったとしても、約束がすべて守られることはなかったのではないか。商業施設や教育施設を運営できるだけの消費者がいないからだ。

誰もいない巨大団地

団地には商店街が設けられているが、テナントは半分以上が空いている。「テナント募集」の貼り紙が貼られたガラス窓ごしに中をのぞいてみると、什器やゴミが残されたまま、まるで夜逃げしたかのような店舗が多い。まだ営業しているレストランがあったので、従業員に話を聞いてみた。

「大きな団地だけど、ほとんど人がいないからお客さんは来ません」と困っている様子。確かにこの巨大団地には人が少ない。窓を見てもカーテンがかかっていない部屋ばかりで、生活の気配を感じるのはせいぜい3割ぐらいか。夜になって明かりがついた部屋を数えれば、はっきりわかるだろう。日が落ちるのを待った。

西南上城、夜になっても明かりがつく部屋はほぼゼロ

果たして夜になると、想像を超えた景色が広が

っていた。明かりがついているのは全体の1割程度しかない。エレベーターホールの電気だけが小さく灯った、真っ暗なマンションまである。これぞゴーストタウンというムードに包まれる。

日本でもバブル期にとんでもない辺境に住宅地が作られた。近年は「限界ニュータウン」として紹介されることも多い（吉川、2024）。誰も住みたがらないような陸の孤島にゴーストタウンを作り、不動産投資の対象にする点では共通しているが、中国ではゴーストタウンが高層化されている点がユニークだ。まわりにいくらでも空き地があるのに、わざわざ建設費がかさむタワマンにしなくとも良さそうなものだが、ここにも中国ならではの事情がかかわっている。中国政府は食料安全保障の観点から農地の宅地転用を厳しく規制している。そのため周囲に空き地があっても、住宅地として使用できる場所は限られており、部屋数の多いタワマンを作る必要があるというわけだ。

3. チャイニーズドリームの終焉

エリートよりも豊かな人

「アメリカンドリームをつかみたい。北京の実家を売り払って、男は単身米国へとわたった。それから数十年もの間、必死に働いて男は成功者となった。老後は故郷でのんびり暮らそうと男は北京へと戻った。しかし、米国で稼いだ全財産を注ぎ込んでも実家を買い戻す金には足りなかったのであった……」

これは中国では有名なジョークだというが、現実も似たようなものらしい。中国政府は２０１１年から、海外の研究者を引き抜くプロジェクト、千人計画を行っていた。外国人の研究者も招聘しているが、主な狙いは中国人研究者の奪還だ。中国人のトップ研究者の多くは留学し、海外の大学、研究機関でポストを得ている。手厚い研究費や住宅購入補助金などの好待遇で彼らを呼び戻そうというわけだ。

ただ――。

「千人計画で引き抜かれるエリート研究者よりも、ずっと中国に住んでいる平凡な研究者のほうがお金持ちなんですよ」

中国の大学に勤める日本人研究者は話す。月給だけなら海外帰りのスター研究者のほうが一桁上でも、資産の点ではそうではない。中国国内の一等地にマンションを所有するベテラン教師にはとても勝てないのだとか。彼らの多くは何十年も前にマンションを手に入れているが、福利厚生住宅という名目で市場価格の数分の一で購入できたので、元手もかかっていない（この制度は十数年前に廃止された）。ベテラン教員は研究レベルは二流でも、保有資産は一流というわけだ。

教員だけではない。価格上昇初期に不動産を購入できた人は、今ではみなが資産家だ。忘れられないエピソードがある。数年前、深圳市でタクシーに乗った時の話だ。おしゃべり好きの運転手が身の上話をし始めた。もともと人民解放軍の兵士として駐屯したのが深圳生活の始まりだった。除隊後、小さな左官屋を始めた。建設ラッシュに乗って仕事は拡大し何人も人を雇うようになったが、次第に競争が激しくなり、素人経営では太刀打ちできなくなり、会社を潰してしまった、と。今はタクシー運転手で日々の生活費を稼ぐのがやっとです……との言葉に、なんと返事をしていいのかわからず、しばらく沈黙の時間が続いたが、運転手は窓の外を指さして言った。

「高層マンションがあるでしょう？　あそこに自宅があります。2部屋買いましてね。自分用と息子夫婦用です。価格ですか。今は1部屋2億円ぐらいかな（笑）。買った時の何十倍になりましたよ」

しんみりとした空気からのどんでん返しに思わず吹き出しそうになった。

「房奴《ファンヌー》」（住宅ローン奴隷）なる言葉が流行語となったのは2007年のこと。毎月の返済額が世帯収入の過半を超えるという、無理な住宅ローンを組んだ人々を指す。50％どころか、月収を上回るほどの過酷な返済計画で家を買ったというエピソードもしばしば伝えられた。こうしたニュースは「非理性的な住宅購入はやめましょう」というメッセージとともに報じられていたが、現時点で評価すれば「房奴」は勝ち組である。当時は無茶な買い物に見えたかもしれないが、不動産価格はその後安定して値上がりし続けた。無茶だろうがなんだろうが、早く買えば買うだけ得だったのだ。

アフリカでマンションを買え

中国では結婚にあたり、新郎の両親がマンションを購入するという文化がある。つまり、家が用意できないと結婚できないとも言える。これは中国で古くから続く伝統文化のように思われているが、実は2000年代中盤以降に作られた慣習だと、北京在住のライター、斎藤淳子は指摘している。不動産バブルが続くなか、多くの中国人が不動産さえあれば一生安泰という意識を持つようになり、家持ちの男と結婚すれば老後の不安が消えるという意識になったのだろう（斎藤、2023）。

同時に、両親にしてみれば、子ども夫婦のマンションを購入するかわりに老後の生活のサポートをしてもらうという動機も存在する。両親だけではなく祖父母も、値上がりを続けるマンション購入のための金銭的援助を惜しまない。このような社会的な意識を背景に、男子の人口比率が多い地域では、少ない地域に比べてマンション価格の上昇度がより大きいことを示した実証研究さえ存在する。

マンション値上がりで築いた資産を海外に持ち出せた人は幸運だ。沖縄県で高級民泊3棟を経営している翁さん（30代、男性、仮名）はその典型だ。

「親が20年前に買ったセカンドハウスを売ったら、東京のタワマンが2部屋買えるぐらいの金額になってしまいまして。そのタワマンも値上がりしたので、一つ売って民泊経営を始めた次第です。自分が富裕層と言われると違和感がありますね。北京では安い時に不動産を買っていた人なんてごろごろいます。みんな普通の人ですよ」

北京中心部のマンションならば、どんなに古くても1億円以上はざら。一人っ子政策の影響で子どもは一人の家庭が多いので、親世代、祖父母世代の不動産を相続するだけで、普通の市民が立派な富裕層になってしまう。

だが今や、このラッキーなチャイニーズドリームは存在しないのではないか。すでに価格は上がりきっている。今さらマンションを購入しても、もうこれまでのような値上がりはしないと諦めのムードが広がっている。それどころか今回の不動産危機で、所有している物件の価格が下がるというリスクまで生まれてしまった。筆者の友人である、企業家のロビン・ウーは講演会で「若者よ、アフリカでマンションを買え」と檄を飛ばしていた。次はアフリカで同じ夢を見ようというのだ。どこまでいっても不動産に囚われているのがおかしかったが、10年20年続いてきた成功パターンを忘れるのも難しいのだろう。

今回の不動産危機によって、若者にとっては親世代のような資産形成の道、チャイニーズドリームが断たれた。そして、それはリタイアし老後を迎えた世代にとっては最後の人生設計が狂ったことを意味している。中国も核家族化が進み、老後は子どもの手を借りずに過ごす人が増えた。60代以上では66%が子どもと別居している（中国老齢協会、２０２４）。不動産の価値が下がれば老後の人生計画の支えを失う。

さて、ここまで中国不動産市場に現れている現象として、「10年野ざらしの未完成建築、突然の工事再開」「荒野の巨大幽霊タワマン」「チャイニーズドリームの終焉」を取りあげてきた。これはなにもおもしろおかしいトピックを選んで取りあげたわけではない。中国の不動産危機は短期、中期、長期の要因が積み重なった複雑な構造をしている。実はここで取りあげたトピックは、このタイムスパンの異なる三つの要因と対応している。果たして、それが何を意味しているのか。次章以降で謎を解き明かしていこう。

第2章　ポストコロナの不動産危機

1. 迅速かつ大胆な金融緩和

コロナ後のマクロ経済政策

中国の不動産危機の背景は複雑だ。だから、それを理解するには危機をもたらしたいくつかの要因をていねいに解き明かす作業が必要となる。本章から第4章にかけては、2020年を起点とするコロナ禍以降の財政金融政策の歪み、2014年を起点とする都市化政策の失敗、21世紀初頭から続く合理的バブルという、それぞれ短期・中期・長期のスパンを持つ、中国の不動産市場に歪みをもたらした異なる三つの問題に光を当てていく。

まず本章では、コロナ禍以降の中国のマクロ経済政策、金融政策を取りあげよう。結論から先に言うなら、新型コロナウイルスの流行に伴う金融政策は、きわめて迅速かつ大胆なものであった。

2020年1月23日、中国政府は湖北省武漢市の都市封鎖を発表した。その数日後には湖北省全域に封鎖は拡大される。その後、3カ月近く湖北省から出ることも入ることも許されない封鎖状態が続いた。同時に中国全土で約1カ月にわたり外出規制がしかれた。オフィスにも工場にも出勤は許されず、原則として全国民に外出自粛が要請された。働けないのだから経済活動の急速な収縮も当然だ。２０２０年第１四半期の経済成長率は前年同期比でマイナス６・８％と大きく落ち込んだ。マイナス成長は１９９２年から始まったＧＤＰ四半期統計で初の事態。また、２０２２年の上海ロックダウンや中国全土でのコロナ感染爆発でもマイナスとなることはなかった。この四半期統計だけでも、２０２０年１月の14億人外出自粛がもたらした経済的打撃の大きさがわかるだろう。

この危機的な状況に対して、まず行われたのが迅速な流動性の供給である。低金利で資金を供給することで、企業が潰れないようにする、いわば応急手当である。早くも２月１日には、中国人民銀行（ＰＢＣ）、財政部、中国銀行保険監督管理委員会、証券監督管理委員会、国家外貨管理局という経済政策を管轄する五つの部署が連名で、「新型肺炎流行の影響を最小限にするために金融政策を強化する通知」を発表した。[1]同通知には、医療部門等を中心に特定分野の企業に対する優遇貸付を速やかに行うための潤沢な流動性の供給などが盛り込まれている。

この通知を受けて、人民銀行は湖北省など肺炎の流行が深刻な地域の企業、そして医療品や生活物資を生産する産業、さらには防疫上影響を大きく受ける小売り、宿泊、飲食などの産業、小型零細企業などを対象として、以下のような手法で最優遇貸出金利（ローンプライムレート、LPR）を下回る低金利融資を実施した。すなわち、まず人民銀行による低金利の貸出資金が各金融機関に供給され、さらに財政部によって50％の利息が補塡されたうえで、特定業務分野の企業に対して融資が実行されたのである。このほか、2月3日及び4日に人民銀行は資本市場の流動性不足を回避するために1・7兆元の資金を銀行間市場に供給したほか、2月20日には1年物LPR金利を4・15％から4・05％へ0・1ポイント引き下げている（図2-1）。さながら、コロナ対策がもたらす未曾有の金融危機を防ぐべく、できる手段をかき集めてきた感がある。

この流動性供給の効果を検証した研究を紹介しよう。北京大学を中心とした、中国におけるイノベーションと企業家精神に関する企業調査（ESIEC）チームは、2020年2月と5月の2回、事前にサンプリングした中小企業に対して電話インタビューを実施した（Dai et al., 2021）。調査対象は河南省、広東省、浙江省、上海市、甘粛省、遼寧省、北京市の七つの省市で、1回目（2月）の調査サンプルは2513社（うち292社は調査終了前に廃業、回答率は51・3％）である。

2月の調査では、中小企業が直面している深刻な問題として、資金繰りが苦しい、とい

図 2-1　政策金利の動向

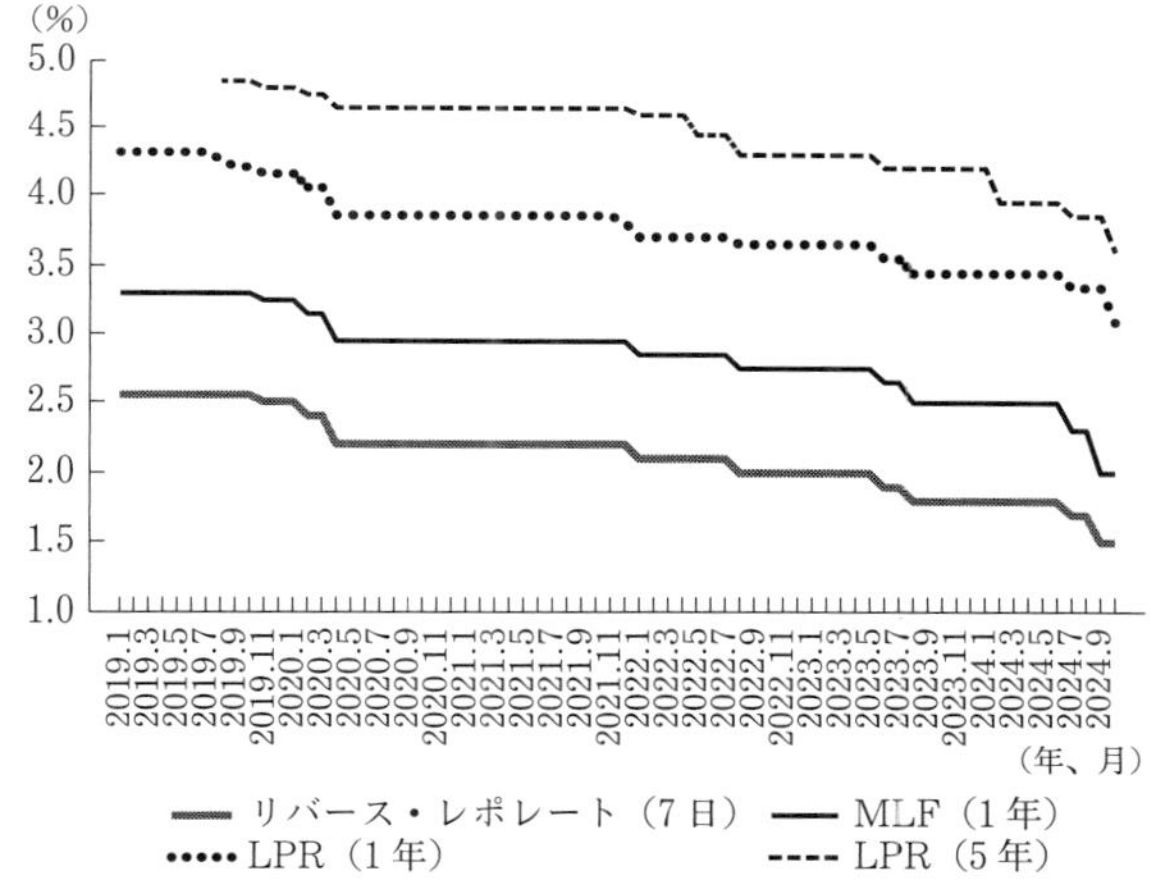

出所：中国人民銀行ウェブサイト（http://www.pbc.gov.cn/）

図 2-2　社会融資総量成長率（対前年比）

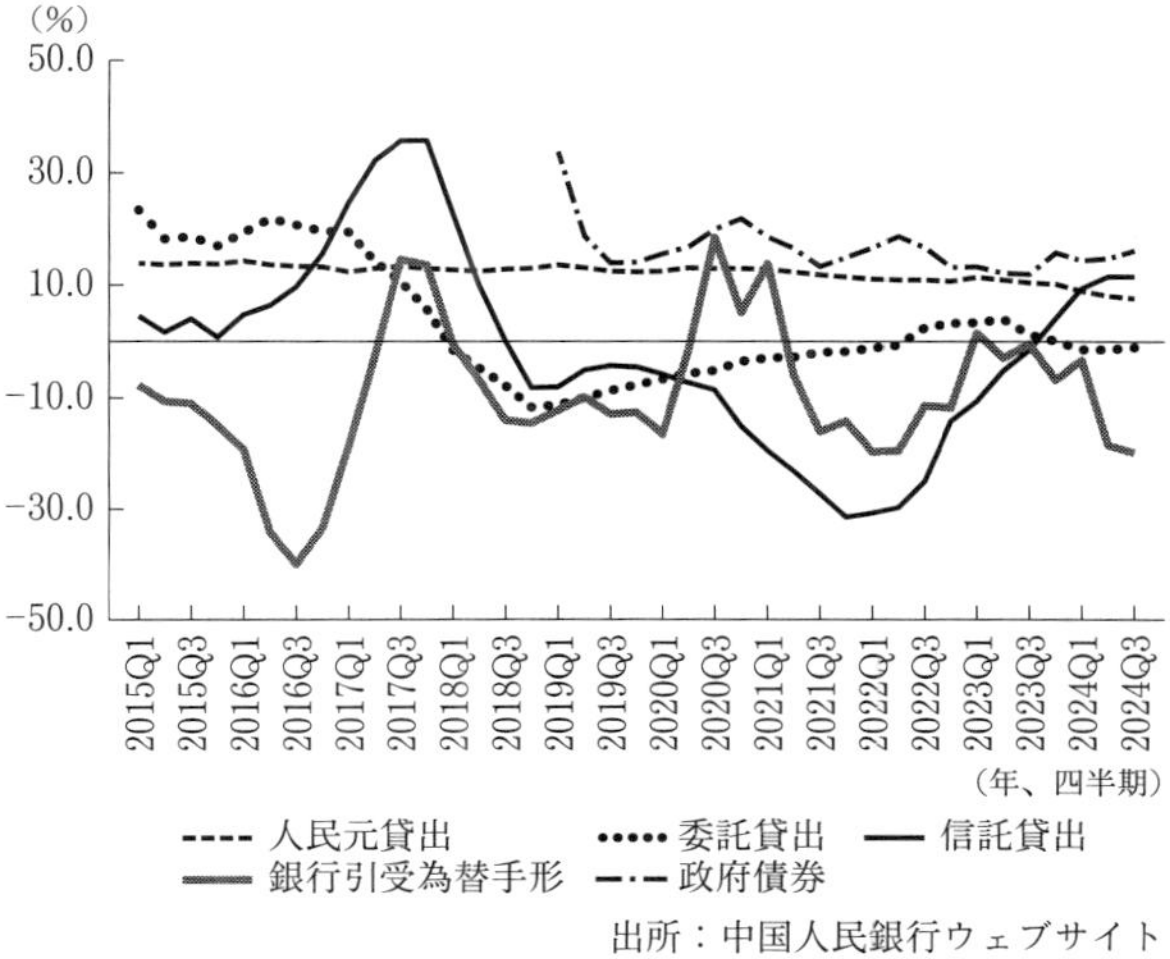

出所：中国人民銀行ウェブサイト

う回答が最も多く、原材料や労働者不足、契約不履行といった回答が続いた。それが5月になるとこれらの問題を挙げる回答は大きく減少し、代わって需要不足が新たな問題として浮上している。2月以降の対策が効果をあげたと考えられる。

ただし、流動性供給の施策はすべてがうまくいったわけではない。2021年になると、金融は緩和を続けているにもかかわらず、実際の投資や需要の伸びにつながらないという状況があらわれる。それが端的に表れているのが社会融資総量の成長率の推移を示した図2−2である。

社会融資総量とは中国独自の金融用語で、銀行融資に加えてノンバンクを通じた融資(委託貸出や信託貸出などのいわゆる影の銀行)、さらに企業間金融などを含めた社会全体の信用供与の伸びを示したものである。図2−2では社会融資総量を構成する各種の資本供給チャネルの増減が示されている。特に注目したいのが、企業間における信用供与を示す「銀行引受為替手形」の動向だ。2018年からは企業部門の負債削減を目指す「デレバレッジ政策」の影響で減少を続けていたものが、2020年に入るとコロナ対策の金融緩和の効果で回復するものの、2021年に入ると再び減少に転じた。「人民元貸出」はこの間、ほぼ横ばいで推移しているが、全体で見れば社会全体への信用供与の伸びは鈍っていることがわかる。この停滞は投資に対する企業の消極姿勢を反映したものだ。そこには、ポストコロナの経済政策の中で財政支出が力強さを欠いた一方で、不動産市場への締め付けが行われたことが大いに関係している。

2. 企業債務の拡大はなぜ生じたのか

控えめだった財政出動

経済対策においては、金融と財政が両輪をなす。金融が迅速な対応を見せたことはすでに述べたが、では財政はどうであったのか。もともと中国政府は一種の均衡財政主義を採用しており、一般公共予算（日本の一般会計に相当）の財政赤字をGDPの3％以内に抑えてきた。コロナ禍によってその姿勢には変化が見られたのだろうか。

2020年の全国人民代表大会（全人代、日本の国会に相当）はコロナ禍を受けて、例年より2カ月遅れでの開催となった。その場で公表された国家予算案では、地方特別債の発行枠を、前年比1兆6000億元増の3兆7500億元と大きく増加させた。さらに、感染防止対策の費用として、1兆元規模の特別国債発行も盛り込まれた。これにより、財政赤字はGDPの3・6%に達した。これまで事実上の「上限」と考えられていた3%を上回ったという意味では積極的とも言えるが、前述した湖北省の封鎖、14億人外出規制による消費需要の落ち込み、雇用の不安定化に対応するためには不十分だった。

IMFが発表した、各国が2021年9月までに行ったコロナ対応の財政支援策とその規模をまとめたリポートによれば、防疫・公衆衛生活動のため医療部門におこなった支援、従業員の雇用を守った企業に対する社会保険料の減免措置、貧困世帯をカバーする社会支援プログラムの拡張など、中国政府が行った追加的財政支出は総額7110億ドル（4兆9000億元）、GDPの約4・8%に相当する。(2) 数字だけ見るとかなりの規模のようだが、日本が2020年4月に決定した一人当たり10万円の給付金を含む8440億ドル（対GDP比16・7%）、さらには米国の5兆3280億ドル（同25・5%）など、他の主要国と比べるとかなり控えめなものだったことは否めない。

この追加的財政支出4兆9000億元のうち、36・7%に相当する1兆8000億元は税金や社会保険料の免除、または支払い期限延期という内容だ。

具体的には、①湖北省の雇用主及び全国の中小企業に対して社会保険料を免除する、②上記以外の企業であっても売上が減少した企業には社会保険料の支払い期限を年末まで延期する、③中小企業や個人事業主に融資を行う金融機関に対して、利息に対する付加価値税を免除する、④コロナ禍で影響を受けた企業に対し、欠損金の繰越期間を延長させるか、または投資控除による法人所得税を減免する、などといった施策が含まれる。

日本や米国などの主要国では個人や事業者に直接給付金などを配るという形での支援が行われたが、中国では本来払うべきものを減免、延期するという支援が中心だったわけだ。

さらに付け加えると、追加的財政支援策の過半は産業政策的な内容であった。5G通信基地局整備、データセンター、都市間鉄道、超高圧送電など、「新インフラ」と呼ばれる新たなテクノロジーの導入、普及に必要な財源として特別地方債発行枠を1兆6000億元引き上げたほか、NEV（新エネルギー車。純電気自動車とプラグイン・ハイブリッド車、燃料電池車を総称する中国独自のカテゴリ）購買補助金の延長なども行った。こうした公共事業や補助金は経済成長に寄与するものではあるが、世界の国々が必死に現金を配ろうと努力していたことに比べると（日本では現金10万円の一律給付の実施のため、市役所などの地方公務員が忙殺されていたことが思い出される）、ずいぶんと迂遠に見える。

これらの財政資金による支援策のうち、特に中小企業の経営を下支えしたのは社会保険料の免除・繰り延べだったことが、すでに紹介した北京大学の研究チームが行った企業へのアンケート調査などから明らかになっている（Dai et al., 2021）。ただし、もともと適正な社会保険料を納めていない事業体も多く、そういった企業はこの措置の恩恵をほとんど受けられなかったと考えられる。

また、この社会保険料の免除、繰り延べにしても、実は中央財政が自ら拠出するものではなかった。中国の社会保障制度に詳しい東京外国語大学教授の澤田ゆかりによれば、全国の社会保険基金を合計した収支決算は、2020年に突然赤字に転落する（澤田、2021）。その金額は約2009億元に達した。社会保険基金収入の中でも最大のウェートを占める、基礎年金収入が免除、繰り延べによって大きくへこんだためだ。

結局、免除、繰り延べという救済策も国庫によってカバーされたのは一部だけで、その他の赤字分は積立金の取り崩しによって穴埋めされたのだった。もともと高齢化や労働力の流出によって収支が悪化していた地方の年金基金に大きな打撃を与えたと、澤田は指摘している。例えば、黒龍江省、遼寧省、青海省では正社員を対象とした基礎年金が底をつき、中央財政と他省から681億元の財政援助を受けざるを得なかったという。コロナ対策の恩恵は将来社会保険の給付を受ける人民によって支払われていたわけだ。

財政面から見た中国政府のコロナ対策についてまとめよう。予算の赤字額を増やすなど、ある程度は積極的に対応する姿勢は見せたもののその規模は不十分で、むしろ主眼は中央政府の財政赤字＝政府債務の拡大を抑制することに置かれていた。その分のしわ寄せが社会保険基金や地方政府財政への負担となったと考えられる。

急拡大する企業債務

十分な財政出動が行われなかったことは、その後の中国経済に様々なひずみをもたらした。まず挙げられるのは債務急拡大により、企業の経営危機と社債のデフォルト不安を拡大させたことである。習近平《シージンピン》政権は過剰債務対策として2017年から債務削減を進めるデレバレッジ政策を進めてきた。その結果、2019年末の段階で企業部門の債務残高はGDP比149・3％にまで抑えられた。しかし、コロナ禍以後は一転して拡大に転じ、2020年9月末の時点では163・1％にまで拡大している。そのため、過剰債務問題の再燃が懸念されるようになった。

それを裏付けるように、2020年11月上旬に政府系半導体大手の紫光集団が経営難に陥ったほか、2021年4月には中国財政部が6割出資する不良債権処理会社、中国華融資産管理の信用不安が発覚するなど、政府系大企業の資金繰り悪化が表面化した。

コロナ禍によって、政府・家計・企業、それぞれの部門において債務残高が増大したのは世界共通の事象だ。だが、他の主要国と比べた時の中国の特徴は、政府部門の債務がそれほど拡大しなかったのに対し、その裏返しとして民間の企業部門の債務残高が大きく積みあがった点にある。言い換えれば、財政出動が不十分だった分だけ金融政策に大きな比重がかかってしまい、その結果企業の金融機関からの借入が大きく増加したのである。

政府部門が率先して債務を拡大して景気対策にあたっていた他の主要国に対し、中国では政府の財政政策は特に消費を下支えするには不十分だった。金融政策と財政政策という両輪のうち、前者は積極的に緩和を続けたものの後者が消極的だったために、行き場を失った資金は不動産市場へと向かい、一時的な不動産価格急上昇へとつながったのである。

3. 不動産危機をもたらしたもの

「三つのレッドライン」の衝撃

「還我血汗銭《ホアンウオシユエハンチエン》！（血と汗で稼いだ金を返せ！）」

２０２１年９月13日、広東省深圳市にある中国不動産ディベロッパー大手・恒大集団の本部ビル前で抗議集会が開かれた。いや、深圳だけではない。中国各地の恒大集団のオフィス前で同様の抗議集会が開催された。

中国では給与未払いや債務不履行が裁判で解決することは少ない。ともかく騒ぎを起こし政府の仲介によって解決を図るのは常套手段で、「血と汗で稼いだ金を返せ」というシュプレヒコールもありふれたもの。とはいえ、中国トップクラスの巨大企業が矢面に立たされるのは異常事態だ。

いったい何が起きたのか？　伏線となったのは２０２０年８月の不動産規制だ。同年上半期に一線都市（北京市、上海市、広州市、深圳市の四大都市）を中心に不動産価格が急上昇したため、中国政府は新たな規制を打ち出した。自治体ごとに詳細は異なるが、銀行の住宅ローン融資残高の上限設定や、現地に戸籍を持たない者の購入制限、またはある世帯が2軒目の住宅を購入する際には頭金比率と住宅ローン金利を引き上げるといった手段が採用された。偽装離婚によって世帯を分けて住宅ローンを申し込むという手法を防ぐために、離婚後も一定期間は同一世帯とみなすという、珍妙な規定まで導入されている。

これまでも類似の規定は導入されてきたが、不動産企業に大きな打撃を与えるものではなかった。今回、危機の引き金となったのは「三つのレッドライン」と呼ばれる、債務削減義務だ。

不動産ディベロッパーに対し、「負債の対資産比率を70％以下に」「純負債の対資本比率を100％以下に」「手元資金の対短期負債比率を100％以上に」との三つの基準を設定した。すべての基準に違反した場合、レッド企業に分類され、有利子負債を増やすことが認められなくなる。この規制が原因で、もともと多額の債務を抱えていた上に、コロナ禍の金融緩和によってさらに債務を膨らませていた多くの不動産企業はハシゴを外され、一気に資金繰りに苦しむようになった。ともかく借金を重ねて経営規模を拡大することこそが勝利の道というのがそれまでの中国不動産業界の成功の方程式だったのだが、負債を減らさなければ会社が潰れるという正反対の構図となったのだ。

どの不動産ディベロッパーも大慌てだったが、初期の時点では、倒産するのは恒大集団だけだろうとみられていた。というのも、同社は拡大路線の急先鋒。社員に自社の投資商品を買わせてまで金をかき集めていたほか、下請け事業者の支払いもさんざん遅延させるなど、あまりにも強引な手法で知られていたからだ。新たな規制でヤンチャしすぎた会社が一つ潰れるだけ……といった理解が大半だった。

ところがそこから危機が拡大していったのはすでに述べたとおり。単独企業の危機ではなく、不動産業界全体の、いや中国経済全体の危機となった。危機が拡大したのは当然だ。なぜならばその背景には、ここまで述べてきたマクロ的な背景があるからだ。短期的なマクロ背景、その要因はコロナ禍に伴う経済対策が生んだ歪みにある。

２０２１年９月には全国主要70都市の平均新築住宅価格が６年５カ月ぶりに値下がりするなど、不動産市場は急速に冷え込んでいった。さらに、２０２２年３月末から約２カ月間上海市で実施されたロックダウンに代表される、ゼロコロナ政策に基づく長期間にわたる都市封鎖がもたらした経済的打撃もこの状況に追い打ちをかけた。

いずれにせよ、恒大集団の問題は、コロナ禍後の緊急措置として行われた大胆な金融緩和によって膨れ上がった債務が、政府の不動産企業への引き締めによって一気に不良債権化したものだ。つまり、より本質的な問題は個別企業の経営というより、マクロ経済政策において金融政策に過度に依存したことにある。

民生部門の保障不足と格差の拡大

十分な財政出動が行われなかったことによるもう一つの問題として、経済の回復過程において、民生部門の保障が十分に行われず、格差が顕在化したことがあげられる。特に失業率の高まりは社会の不安定要素の一つとなった。以下、不動産とは離れるが、この問題についても少しフォローしておきたい。

5%台前半で推移していた調査失業率は2020年2月に6・2%と一気に跳ね上がった。その後減少を続け、9月には5・4%とコロナ前の水準に回帰したが、この数値は必ずしも実態を反映したものではない。中国社会科学院世界経済政治研究所の張斌《チャンビン》らの推計によると、最も雇用状況が厳しかった3月期における都市の失業者数は7000万~8000万人、失業率にすると約20%に達していたという(中国金融四十人論壇、2020)。

すでに述べたように、中国ではコロナ禍を踏まえた政府の救済策は、市民や企業に対して直接行われるのではなく、企業への低金利融資や社会保険料の減免といった形で行われた。繰り返しになるが、社会保険料の減免のかなりの部分が基金の切り崩しで賄われているので、労働者が将来受け取るはずのものが現在の企業への補填に使われているに等しい。

ただ、このような民生問題を抱えながらも、今のところ中国社会はそれほど顕著な社会の不安定化に見舞われてはいない。その背景には、もちろん政府による抑圧により問題が顕在化しないという理由もあるが、中国社会における労働市場の流動性の著しい高さが、コロナ禍による失業問題の深刻さを覆い隠している側面を無視することはできない。

例えば中国の労働問題に詳しい明治大学教授の石井知章は、コロナ禍による労働市場の需給の矛盾が広がる中、「業務の爆発的拡大によって労働力不足に悩む企業の問題を解決すべく、『従業員シェアリング』モデルが生み出され、異業種間で直面する労働力の需給ギャップを一時的に解決する有効な手立てとなった」と指摘している（石井、２０２０）。これは、製造業やＩＴ系の大企業が、一時休業している飲食店、ホテル、大型スーパーなどの従業員を一時的に雇用するものであり、財政による休業補償が得られない中、労働者の生活を一定期間支える上では効果を上げたといわれる。

このような労働市場の流動性の高さが、失業問題がもたらす社会不安を和らげるカギであることは、中国の指導者層の言動からも伝わってくる。たとえば、２０２０年6月には、李克強《リークーチアン》首相（当時）が山東省煙台を訪れた際に、「露店経済は雇用を生み出す重要な源だ」と評価した。仕事を失った人々が露店を開き、たくましく稼ぐ姿をポジティブに評価したものだ。企業と正規に雇用契約を交わしていない、零細個人事業者や非正規労働者によるインフォーマルセクターが失われた雇用を吸収することを期待したのだ。

さらには、フードデリバリー配送員やライドシェアドライバーなどのギグエコノミー、すなわちインターネット・プラットフォームを通じた短期的な雇用・労働形態の広がりも、コロナ禍の需要減少に伴う失業者の増大のショックを緩和するのに寄与したと考えられる。日本でも近年、ギグエコノミーは拡大しているが、賃金水準はアルバイトと同程度と高くはない。一方、中国ではギグエコノミー各社のシェア争いが過熱していたという側面もあって、一般的な非熟練労働者よりも収入が高いケースが多かった。ただし、その労働環境には問題点も多い。元中国人民大学教授の常凱《チャンガイ》は、これらのプラットフォーム労働者が、多くの場合まぎれもない雇用労働者でありながら、契約上はその点があいまいな「雇用類似」と呼ばれる就労形態をとっており、そのため労災などのリスクに対し脆弱で、社会保障が不十分であることを指摘している（常、2024）。

こうした労働市場の流動化は、コロナ禍による一時的な失業問題の解決に好都合というだけではなく、習近平政権の目指す経済改革にも適合的だった。習近平政権がスタート直後から掲げたのが、「供給サイドの改革」である（第6章参照）。これは、「過剰生産能力の削減、過剰在庫の削減、デレバレッジ（企業債務の削減）、企業のコストダウン、脆弱部分の補強」という一連の構造改革政策を通じて、経済の効率性を向上させ、これまでの資源投入型の成長に代わる持続的な経済成長を目指すというものだ。この改革を推し進めれば、低効率の企業は潰れ、働いていた労働者はより高効率の企業に移らざるを得ない。

労働者にとっては新たな仕事を探さなければならない労働市場の流動化は痛みが大きいが、政権にとっては望んだ方向という側面があるわけだ。ただ、痛みが広がりすぎれば、人々の強い反発を招く。コロナ禍によって拡大した「持てる者」と「持たざる者」との間の矛盾は、その後の中国社会に、暗い影を投げかけ続けている気がしてならない。

不十分な財政出動がもたらした三つ目の問題点は、一部の地方政府の財政状況の悪化が顕在化したことである。たとえば、中国の経済誌、『財新周刊』は、東北部の黒龍江省鶴崗市政府が２０２１年12月下旬に職員採用計画を取り消して財政再建計画を実施することを公表し、事実上「財政破綻」したことを伝えている(3)。また、一部の地域では、財政資金が不足したため公務員の実質的な賃金カットが行われているともいわれる。

もともと地方政府の財政は、地方政府が収用した農地などの土地所有権の売却益に多くを支えられてきた。その収入が、２０２０年の不動産市場の締め付けによって大きく落ち込むこととなった。(4) 公務員の基本給は中央政府によって定められており、地方政府が独自の判断で減給することはできないが、ボーナス分の支給に土地関連の収益を充てていた地方政府は多く、その分がカットされたのではないか、というわけだ。

このような地方政府の財政資金不足が生じる背景には、付加価値税や企業所得税など地方政府の主な財源がコロナ禍による企業の納税免除・繰り延べ措置によって落ち込む中、中央財政からの補塡が十分ではなかった、ということもある。このように、コロナ禍による経済活動へのショックを受け止めるための負担が、地方政府に過度にかかったことの負の側面については、第6章で詳しく論じたい。

第2章の小括

少し専門的な話が続いたので、ここで簡単に本章の内容をまとめておこう。

・新型コロナウイルスの流行を受けて、中国政府が迅速な金融緩和を行ったことは評価できる。

・一方で財政の拡大は限定的で、伝統的な均衡財政主義を抜け出ることはなく、他国と比べても小規模だった。

・財政拡大がなければ需要が不足する。金融緩和によって生まれたマネーは行き場を失い不動産市場に流入。住宅価格は上昇。その後の金融引き締めと不動産規制で下落した。

第1章で取りあげた未完成マンション（ランウェイロウ）は、予約販売によって先に売上金だけを手にしたディベロッパーが、住宅建設という責務を果たさないことによって生まれたものだった。こうした一見すると個別企業の乱脈経営や倫理観の欠如ゆえに生じた危機のように見える現象も、その背後にはマクロ経済政策の動向が大きく影響していることを理解しておきたい。

コロナ禍に伴う経済政策の混乱によって始まった中国不動産危機だが、より長期的で複雑な問題を呼び覚ますものとなった。次章では2010年代から蓄積されていたリスクを見ていく。

（1）「関于進一歩強化金融支持防控新型冠状病毒感染肺炎疫情的通知（銀発〔2020〕29号）」中華

人民共和国中央人民政府ウェブサイト、２０２０年１月31日

（２）IMF Fiscal Affairs Department. 2021. *Fiscal Monitor Database of Country Fiscal Measures in Response to the COVID-19 Pandemic*, International Monetory Fund.

（３）程思煒「鶴崗出路何在」『財新周刊』２０２２年第12期

（４）中沢克二「中国公務員に突然25%年俸下げ通告、『土地ＡＴＭ』が破綻」『日本経済新聞』２０２１年12月29日、および孫立平「覇州、薇娅、公務員減薪、房産税、有一箇共同的背景（上）」『紅歌会網』２０２１年12月26日

第3章　新型都市化と不動産リスク

不動産危機、西へ

前章では2020年の新型コロナウイルスの流行から始まった、短期の中国不動産危機の背景を見てきた。続けて本章では2010年代に蓄積された、中期の不動産リスクについて取りあげる。

短期の不動産リスクの象徴が「未完成マンション」だったわけだが、中期における象徴は「巨大幽霊タワマン」だ。それらが中西部や郊外に多いことは述べたが、なぜだろうか。

実は、「巨大幽霊タワマン」の建設ラッシュは2010年代に進行した。中国には北京市や上海市、深圳市などを含む東部沿海部が経済的に発展し、内陸の中部と西部の発展は遅れているという図式がある。不動産を見ても、販売額の50~60%は東部が占めている。ただ、2010年代の伸び率では中西部が東部を上回っていた。

確かに、発展が遅れていた中西部の経済成長が本格化したという側面もあるが、実需を伴わない住宅が多かったことは間違いない。不動産危機が始まると、東部地区以上の急ペースで価格は下落している。こうしたトレンドには政治的要因が大きくかかわっている。

習近平政権は2014年に新型都市化と呼ばれる新政策を打ち出した。人口が農村から都市に移る都市化は近代化において必然の過程だ。一般的に都市住民のほうが生み出す付加価値は大きい。都市住民の比率が高まれば、それだけ国の経済力も増すことになる。ただ、急激すぎる都市化は混乱を招くとして中国政府は慎重なペースを守ってきた。悪名高い戸籍問題はその象徴だ。都市住民の戸籍と農村住民の戸籍は厳格に区別されてきた。農民は都市労働者となっても戸籍を移転することはできず、「出稼ぎ農民」という身分から抜け出せない。都市に住んでいても異邦人扱いで、子どもの教育や社会保障などは戸籍のある住民とは差別がある。

新型都市化は農民が都市住民となるための条件整備を明確にし、都市化を加速させる政策だ。ただし、どの都市でも受け入れが自由になったわけではない。都市の規模別に常住人口1000万人以上を超大都市、500万～1000万人未満を特大都市、100万～500万人未満を大都市、50万～100万人未満を中等都市、50万人未満を小都市と分類した上で、超大都市、特大都市への人口流入を減らし、それ以下の都市を発展させるという方針だ。都市化といっても大都市をさらに巨大化させるのではなく、小粒な都市を増やす、中規模の都市を大きくするというわけだ。

新型都市化によって中西部の都市の住宅需要が増加するはず。そうした思惑から住宅建設が進められた。東部とは違いなかなか不動産価格が上がらず資産を増やせていなかった中西部の住民たちにとっては千載一遇のチャンス到来と、不動産投資が一気に拡大した。

ただ、中国の新型都市化は戦略を大きく間違えていたと言わざるをえない。というのも、多くの人々は単に「都市に住みたい」のではなく、「北京や上海のような大都市に住みたい」と考えている。ハコだけ作ってもそれに見合うだけの需要はない。そもそも都市は一定の空間に産業と人口が密集することにより、効率を上げ、人間の交流に伴うイノベーションを促進させることに真価がある。先日まで畑だったド田舎に巨大マンション群を作り上げたとしても、それは〝なんちゃって都市〟にしかならないというわけだ。

実際には人口の移動・定着が思うように進まず、更には将来的な人口減少が予測されるにも拘わらず、住宅建設は主に中小の都市に集中してきた。

この問題に関して、上海交通大学教授の陸銘《ルーミン》は、中国政府が進めてきた都市化政策が、中小都市の建設にこだわるあまり、大きな非効率を生んでいることを指摘し、それを「低密度の都市建設」と名付けている。都市建設が「低密度」であることによって、サービス業の発展が抑えられる、労働者の実質賃金が抑えられる、あるいは過剰な債務を地方が負うことになるといった様々な問題が生じている、というのだ（陸、2022）。その上で陸は、今後は人口500万人以上の都市に人口を集中させるよう、戸籍改革を含めた都市化政策の見直しを行うべきだ、と提言している。

実際、ハーバード大学教授のケネス・ロゴフとＩＭＦエコノミストの楊元辰《ヤンユエンチエン》は、２０２１年以降の不動産市場の低迷において供給過剰がより深刻で、価格が大幅に下落するという事態を招いているのは、北京、上海、深圳、広州の四大都市（一線都市）や各省の省都を中心とした大都市（二線都市）ではなく、三線以下の地方都市であると指摘した（Rogoff＝Yang, 2022）。ロゴフらの推計によれば、三線以下の都市居住者は全都市人口の66％を占めているにすぎないが、都市における住宅ストックの72％以上を占めている。また、２０２０年には、三線都市における建設業の総生産額は、全国の約80％を占めていたという。

しかし、上述のような「低密度の都市建設」と急速な高齢化が相まって、三線都市では今後の住宅需要の回復が見込めない。ロゴフらは、２０２１年に発表された論文において、中国のマンション需要はすでに頭打ちになっており、今後は価格の調整が避けられないことを指摘したが、そのような需給バランスの偏りがより深刻なのが三線以下の中小都市であることは間違いない（Rogoff＝Yang, 2021）。

加えて、三線都市では大都市に比べて家計資産のうち不動産の占める割合が著しく高く、また地方政府は財政資金調達における土地依存の度合いが高い。大都市には不動産以外にも住民の投資対象、政府の税収源が多いが、地方都市には選択肢が少ないことの表れだろう。それだけに住宅価格の下落がもたらす影響は大都市以上に大きい。

すでに三線都市の不動産問題は一線および二線都市と比べて深刻化している。中国不動産取引仲介企業、KEホールディングス（貝殻找房）の調査部門が2022年8月に発表した報告書では、主要28都市を調査した結果、一線都市の空き室率は7％、二線都市が12％、三線都市が16％と、田舎になればなるほど空き家が多い。そして、築年数別の空き家率を見ると、完成から1年未満のマンションは空き家率が30％と一番高く、そこから築年数が延びるほどに空き家率が下がっていくという傾向が明らかとなった。日本の空き家問題は「住む人がいなくなった地方の古い家がたくさんある」ことだが、中国では「地方の新築マンションが空っぽのまま放置されている」ことが大きな問題なのだ。

旧市街地再開発と新興ディベロッパー

新型都市化政策は中西部開発を奨励する政府の姿勢を示すものであり、戸籍取得要件の緩和という条件を整備するものであった。これに加えてマネーという実弾を供給したのが

２０１５年からの棚戸区改造《パンフーチュー》（旧市街地再開発）であった。

こうした再開発に伴う住民への保障は、従来は代替住宅の提供が中心だった。追加費用なしで提供される古い住宅は立地が悪い、狭いなど条件が悪いことが多い。より良い家と交換してもらうには立ち退く住民が追加で金を支払う必要がある、というわけで使い勝手が悪かった。

２０１５年からの旧市街地再開発では「房屋貨幣化《ファンウー》」と呼ばれる立ち退き世帯への現金補償が中心となった。その前年である２０１４年7月には、政府の不動産価格抑制政策の影響で主要70都市における新築住宅の平均販売価格は3カ月連続で前月水準を下回った。その結果住宅市場は調整局面に入り、マンション在庫が積み上がっていた。この現金補償はこうした不動産市場の冷えこみへの対策という側面もあったが、その威力は絶大だった。なにせ、「住む場所がなく、かつ大金を持っている人々」という最強の住宅購入予備軍が生み出されたのだから。この恩恵が中西部により大きなインパクトをもたらしたことは前項に述べたとおりである。

このときの現金補償の資金源となったのが、中国人民銀行によるＰＳＬ（担保付き補完貸出）と呼ばれる融資である。２０１４年末から２０２０年2月までに3兆６７０４億元が供給され、その大半が現金補償に充てられた（楊、2024）。

旧市街地再開発の追い風を受けて成長したのが新興の民間ディベロッパーだ。不動産不況において、真っ先に経営危機が表面化した恒大集団、続いて危機に陥った碧桂園はその代表格である（図3−1）。

ただ、この旧市街地再開発特需はあっという間に終わってしまう。さほど古くもないマンションを建て替えるといった、地方政府主導の乱開発が目立つようになったことを中央政府が危惧するようになったからだ。PSLは2020年初頭まで供給されたものの、2019年以後はその額は大きく絞られている。恒大集団の旧市街地再開発着工数も2019年には前年比でほぼ半減している。毎度のことながらアクセルとブレーキの踏み替えっぷりがともかく粗雑で急なのだ。

着工数が絞られた当初、中国不動産市場が停滞、縮小するのではと危惧する声があったが、その後も統計上の変化はなく、2021年まで好況は続いているように見えた。ただ、公式統計の数字とは異なり、実際には2019年から市場の縮小が始まっていた。

2024年3月、中国証券監督管理委員会が恒大集団の粉飾決算に対して処分を下したことが公表された。2019年に2139億元、2020年に3501億元もの架空売上

図3-1　恒大集団の売上と旧市街地再開発着工数

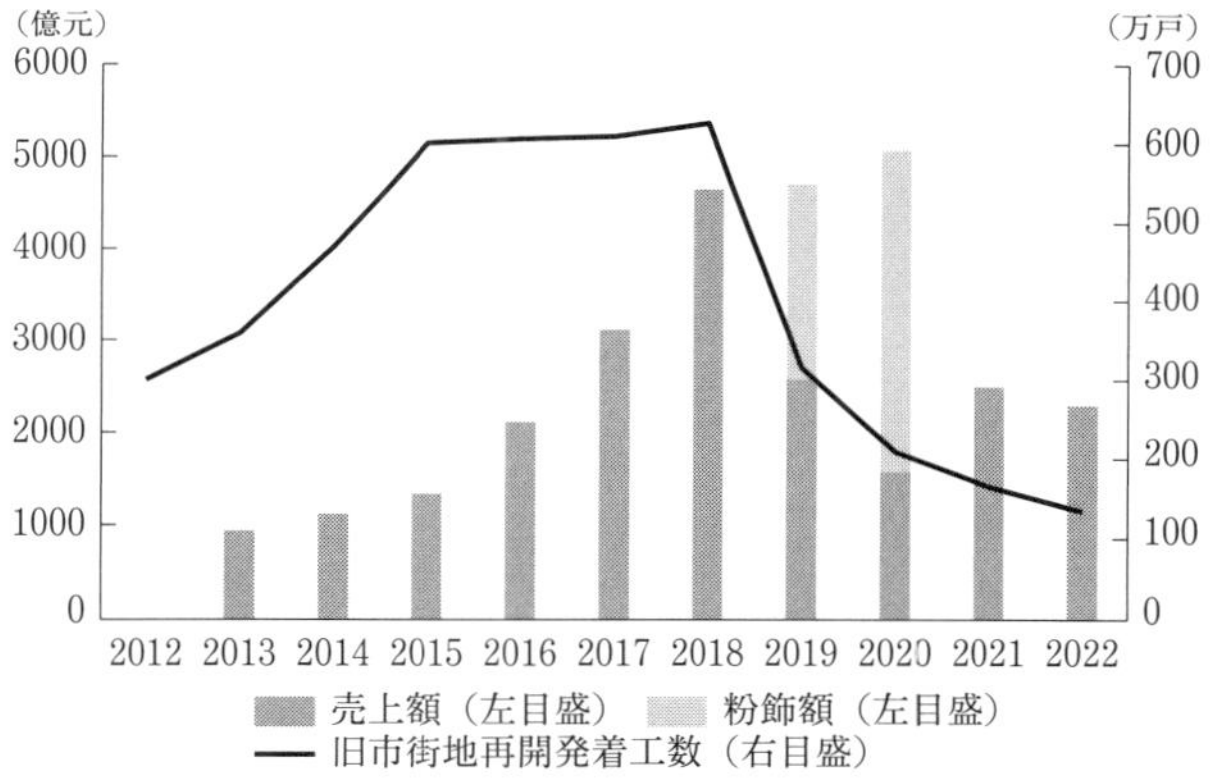

出所：中国国家統計局、恒大集団決算をもとに筆者作成

を計上していたという。世界の粉飾決算の歴史上、最高額というすさまじさだ。

　これほどの粉飾決算が当初は見逃されていたというのは衝撃的だが、実際の売上の推移を見れば納得がいく。図3-1を見る限り、恒大集団の売上額と旧市街地再開発着工数の推移は連動している。2019年に着工数が減少すると、それにともない売上額も減少し、同時に粉飾が始まっている。旧市街地再開発が始まると売上が伸び、縮小に伴って減少したシンプルな関係だ。現時点では他の不動産ディベロッパーの粉飾決算は発覚していないが、今後でてきても不思議ではない。

ディベロッパーの債務構造

恒大集団や碧桂園はもともと中堅クラスのディベロッパーだったが、新型都市化と旧市街地再開発の波に乗って売上でトップを争う規模にまで躍進した。その間に彼らが抱え込んだ債務は膨大なものだ。

2023年6月末時点の負債総額を見ると、恒大集団が2兆3882億元、碧桂園が1兆3641億元となっている。内訳にある未払い金とは工事事業者や建材サプライヤーへの支払いを指し、前受け金は予約販売ですでに代金を受け取った不動産の建設義務を意味する。

これほどの負債を抱えたのには中国不動産業界で流行したビジネスモデルである「高負《ガオフー》債《チャイ》、高杠桿《ガオガンガン》、高周転《ガオチヨウチユワン》」（高負債、高レバレッジ、高回転）が関係している。戦略的に負債を増やして、自己資本以上の金をかき集めることで、土地取得から建設、販売、資金回収までの期間を徹底的に早めて回転を上げ、一気に成長できるという筋書きだ。

負債を増やすといっても、メインの手法は銀行融資や社債発行ではない。下請け事業者や建材サプライヤーへの支払いを遅らせることで資金を捻出したのだ。住宅を売った金は速攻で回収、一方で下請けへの支払いは限界まで遅らせる。この時間差によって、次の建設プロジェクトに着手する資金が生み出される。

中国では俗に「どれだけ支払いを遅らせられるかが、会計担当者の腕のみせどころ」と言われるが、それにしても恒大集団の未払い金は１兆元を超えており、やりすぎ感は否めない。実際、拡大戦略が機能している間はなんとかやり繰りできていたものの、経営危機が深刻化するにつれて支払いはどんどん遅れていき、ついに忍耐力が切れた下請け事業者がボイコットする騒ぎとなった。

第３章の小括

本章の内容をまとめておこう。

- ２０１０年代の不動産市場は経済先進地域の東部よりも、遅れた中西部の成長ペースが上回った。
- その成長を支えた旧市街地再開発により、中西部には幽霊タワマンが量産された。乱開発の懸念から旧市街地再開発は２０１９年以後急ブレーキがかかった。
- 旧市街地再開発を追い風に事業を拡大した不動産ディベロッパーの債務が肥大化した。

以上のまとめから言えそうなのは、新型コロナウイルスの流行から始まった中国不動産市場の危機、その伏線は2010年代にすでに用意されていた、ということだ。だが、一方で中国不動産市場にはより長期にわたる課題も存在している。「合理的バブル」と呼ばれる、この問題については次章で読み解いていく。

第4章　中国不動産市場と「合理的バブル」

1. 合理的バブルとは何か

バブルはなぜこれまで崩壊しなかったのか

第2章で短期、第3章で中期の時間軸における不動産問題を見てきた。いよいよ本章では長期の問題を考えてみたい。20世紀末から続く不動産バブルはなぜこれまで崩壊しなかったのか。この不可解な現象は、中国社会と経済の根幹をなすといっても過言ではない。

まず、中国の不動産価格がどのように推移してきたのかを見てみよう。図4−1はマンションを含む住宅価格、およびオフィスや商業施設などの面積当たり販売価格（総販売価格を販売面積で割ったもの）の推移だ。これらの価格は2003年から全般的に上昇を始め、2021年までほぼ一貫して上昇してきた。なお、中国の不動産価格には二つの公式指標がある。一つは図4−1で示された用途別の平均販売価格、もう一つは70都市ごとの新築・中古住宅価格の対前年伸び率である。これら二つの指標は別々に推計されており、連動性はないことには注意しておきたい。

さて、この現象は「バブル」だったのだろうか？

図4-1　不動産価格の推移

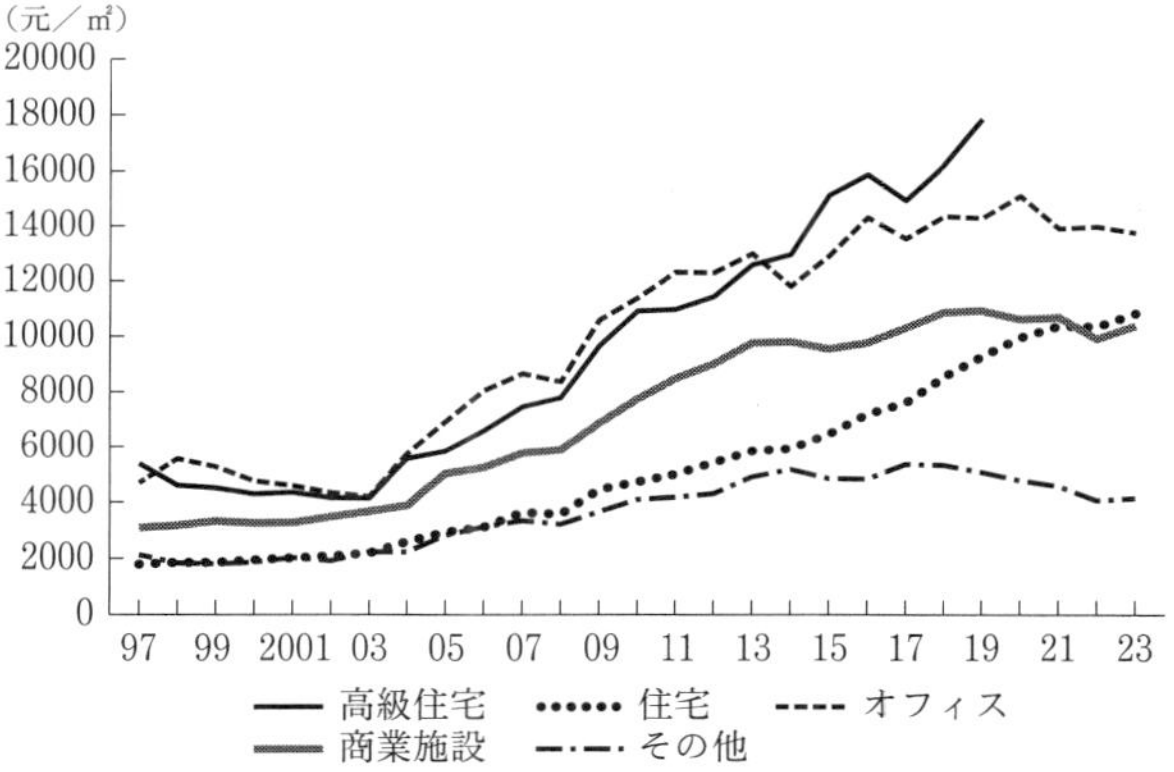

出所：CEIC Data、国家数拠

議論に入る前に、そもそも「バブル」とはどのような状態を指すのか、経済学に基づいて整理しておこう。一般的には、ある資産のファンダメンタルズ（本質的価値。その資産を保有することによって得られる収益、市中金利、経済成長率などの各種条件を総合的に加味して算出するもの）と取引価格を比較し、両者が大きく乖離しているようならばバブルと判断される。たとえば、住宅価格であれば賃貸利回りと市場金利によってファンダメンタルズが決定される。

　賃貸利回りだけで見るならば、中国不動産は明らかにバブルだった。日本では賃貸利回りは5～8％が一般的とされているのに対し、中国の一線都市では1％前後という低さであった。2024年になって不動産価格が下落したため、相対的に利回りは上がったが、それでもようやく2％前後という低水準だ。つまり、あるマンションを購入する価格は50年分の賃貸価格と同等となる。価格下落前の水準だとなんと100年分になる。マンションに100年の耐久性があるはずもなく、「マンションに住むという価値」と価格とを比べれば絶対に賃貸の方が得だ。

それでもみなが不動産を欲しがったのは、その物件が今後値上がりすることに期待をかけたからにほかならない。ファンダメンタルズと乖離して投機的な価格の上昇が始まると、さらなる値上がりを予測した投機マネーによって値段がつり上げられ、その価格上昇がさらなる投機マネーを呼び寄せ……というループに陥り、典型的なバブルが生じる。

ただ、ファンダメンタルズと取引価格に差があることだけでは、「バブル」かどうか判定はできない。不動産価格の上昇に伴ってファンダメンタルズも同時に上昇していることも多く、投機マネーが投機マネーを呼び込むループに陥っているかどうかは簡単には判別できないからだ。

計量的に厳密に判断する際には、共和分分析という手法が使われるのが一般的だ。複数の時系列データを比較し、長期的に均衡関係にあるかどうかを調べる時に使われる。不動産価格とファンダメンタルズの乖離が広がっていく「発散」と呼ばれる関係なのか、あるいは一時的に乖離が広がっても、どこかの時点で安定した均衡関係に戻ってくる「収束」と呼ばれる関係なのかを判定する。ファンダメンタルズとその取引価格が乖離してひたすら高騰していく「発散」の関係ならばバブルとする、これが一般的な結論である。

では、中国の住宅価格はどうか。意外に思われるかもしれないが、近年行われた実証研究では、一部の地域と期間を除けば不動産価格は必ずしもバブルではないという結論を示すものが多い。このことは、ファンダメンタルズと住宅価格という二つの変数が定常状態、すなわち長期的に安定した関係にあることを示している。

それはなぜなのか？　一つの理由として、住宅価格がファンダメンタルズから発散しそうになるたびに、政府当局が住宅ローンの制限やマンション頭金比率の引き上げなどの価格抑制政策を発動し、住宅価格が定常状態に引き戻されてきたということが考えられる。第1章で取りあげたが、確かに中国政府は住宅価格が上がりすぎれば規制し、下がりそうになると手綱をゆるめるというコントロールを頻繁に行ってきた。しかし、そのように政府の介入が価格の抑制に効果を上げることができたのは、そもそもファンダメンタルズからの乖離幅が、政府がコントロール可能な範囲に収まっていたからではないだろうか。もし乖離幅があまりに大きければ、わずかばかりの介入が大幅な価格調整をもたらし、価格の乱高下を招きかねないからだ。

むしろ、こう考えたほうがいいだろう。資産価格はファンダメンタルズを大きく上回り乖離した状況にあるが、乖離はそれ以上は広がらず、安定した定常状態にある。ファンダメンタルズを超える水準の価格がついた状態で安定しているという状況だ。膨れあがった風船が破裂するように熱狂的な投機の末に崩壊するというのが一般的な「バブル」だとしたら、ぱんぱんに膨らんだ風船が同じ大きさのままずっと浮かんでいるという状況にたとえられるだろう。

しかし、バブルとはどんどん膨らんで破裂するからこそ「バブル」なのではないか。安定したバブルなどバブルではないのではないか。多くの方はこうした疑問を抱くだろう。一見すると矛盾しているかのような説明だが、経済学の「合理的バブル」という理論を用いることで理解できる。

熱狂なき「合理的バブル」

バブルとは熱狂や衝動など非合理的な感情がもたらしたものとのイメージが一般的であ

る。確かに、ファンダメンタルズ（本質的価値）以上の価格で資産を購入するという行動は、とても合理的とは思えない。しかし経済学は、合理的な経済主体（ホモ・エコノミクス）――すなわち正確な予測能力、損得を判断する完璧な計算能力、計画を完遂する実効能力を備えた、現実離れしたスーパーマンたちによる社会であってもバブルは発生することを証明した。合理的な判断の積み重ねによって生まれるバブルなので、「合理的バブル」と呼ぶ。

合理的バブルはどのような場合に発生するのか。トゥールーズ第一大学教授のジャン・ティロールは「低金利下での高成長」という状況では、合理的バブルによる価格高騰が起きている資産を、上の世代から下の世代へと売買することで、経済全体の資源配分の効率性を改善し、すべての世代の人々の消費水準を向上させられることを証明した（Tirol, 1985）。

そのメカニズムをわかりやすく説明するために用いられるのが世代重複モデルである（図４–２）。このモデルでは人間の一生を労働できる若年期と働けない老年期とに分ける。若年期で得た収入の一部（わかりやすく図では半分としている）を老年期のために貯蓄する。第Ⅰ世代が老年期に入ると同時に、第Ⅱ世代の若年期が登場する、という繰り返しで

図 4-2a　市場金利による資産形成

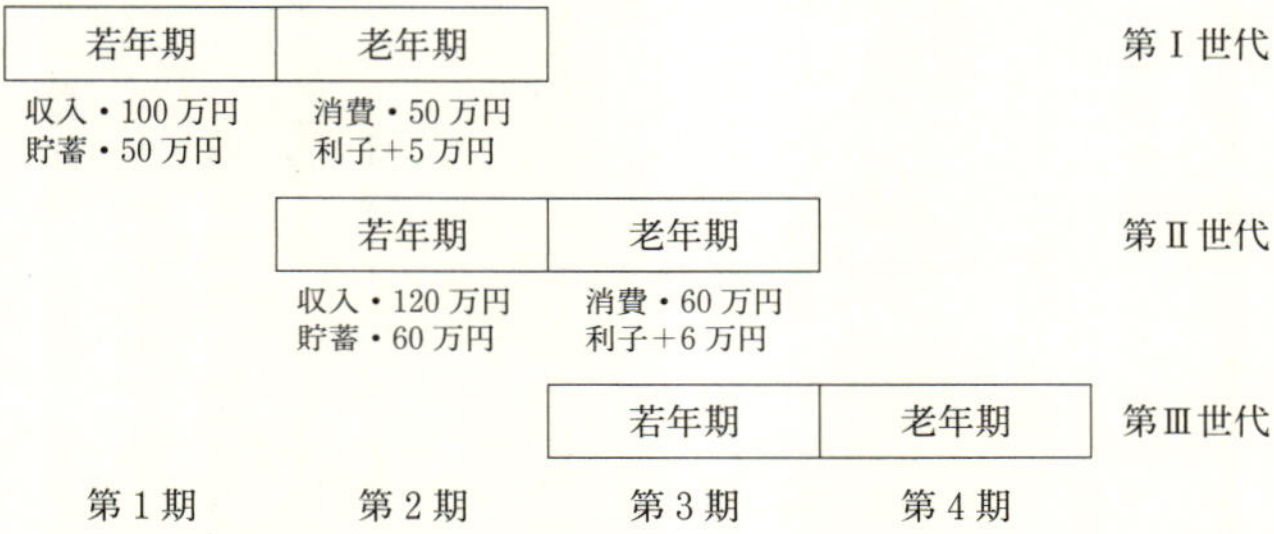

図 4-2b　政府が経済成長に等しい利払いの債権を発行するケース

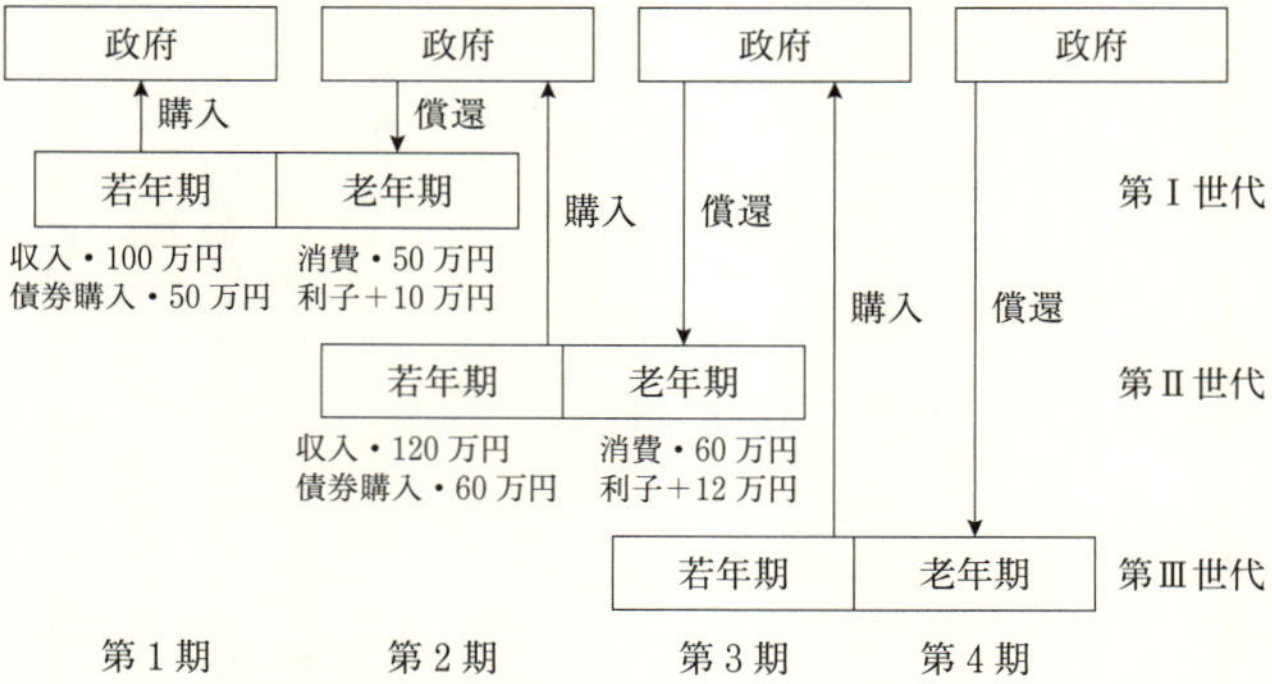

図 4-2c　世代間で資産の売買が行われるケース

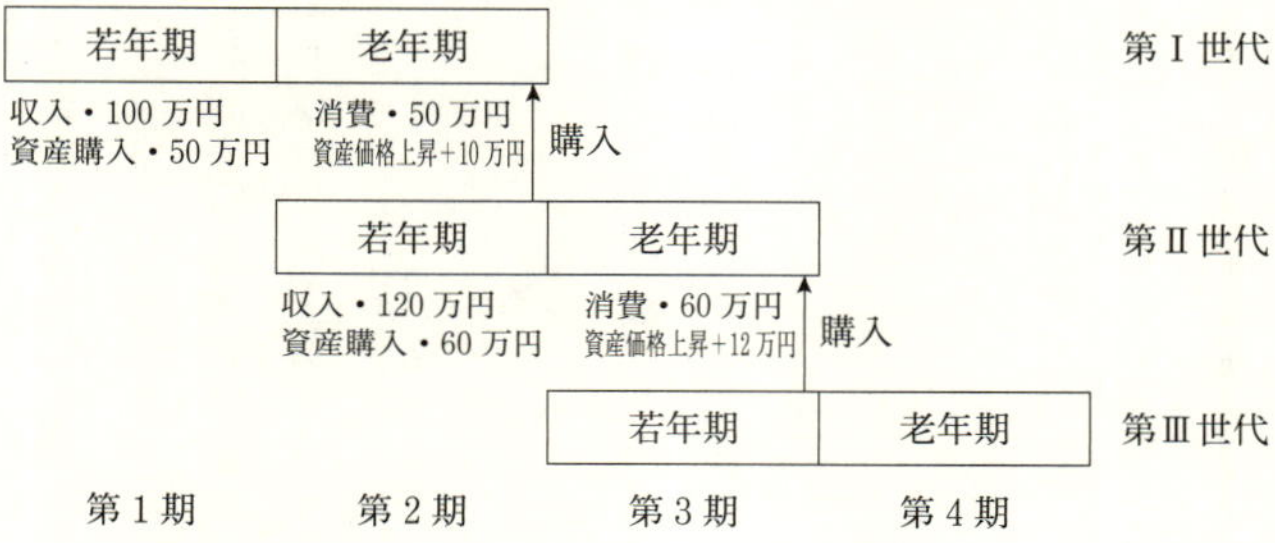

ある。

もし貯蓄を何も運用しない、たとえばタンス預金のような形で保有していたとするならば、生涯所得(これまたわかりやすく100万円と仮定する)を若年期に半分の50万円消費し、老年期にもう50万円消費することになる。

ここに経済成長と金利の要素を加えてみよう。経済成長も単純化し、1世代ごとに生涯所得が20%ずつ増えることにする。第Ⅰ世代は若年期に100万円を稼ぎ、50万円を貯蓄する。第Ⅱ世代は120万円稼ぎ、60万円を貯蓄する(図では省略されているが、第Ⅲ世代は144万円稼ぎ、72万円を貯蓄する)。

この時、若年期の貯蓄につく金利が10%で、経済成長率を大きく下回る水準だった場合には何が起きるだろうか(図4-2a)。

第Ⅰ世代は50万円を貯蓄、老年期には10%の金利がついて55万円になっているが、経済成長のほうがより拡大ペースが速いので、第Ⅱ世代の若年層は60万円を消費できるようになっている。第Ⅱ世代が老年期になった時の消費は66万円だが、第Ⅲ世代の若年層の消費は72万円とやはり追いつかない。

成長率が金利を上回る、これはマクロ経済学では「動学的非効率」と呼ばれる状況だ。

この状態では投資が飽和状態にあり、資本が過剰に蓄積されているため、通常は成長率を上回るはずの金利がそれを下回っている。このような時には、市場取引では最適な資源配分は実現されない。政府が強制的に構成員間の資源を再配分することで、全体の満足度を向上させる余地がある。

例えば、もし政府が経済成長率と同じ金利20％の国債を発行し、次の世代への販売額をその償還にあてた場合はどうなるだろうか。貯蓄の代わりに国債購入を選んだ第Ⅰ世代は老年期に60万円を消費できる。同じく第Ⅱ世代は72万円と消費を増やすことができる。つまり、経済全体の資源配分の効率性を改善し、図4－2aの状態に比べ、すべての世代の人々の消費水準を向上させることが可能である（図4－2b）。

もしくは、政府の介入がなくても、各世代が経済成長に連動して価値が上昇するような資産、たとえば不動産などに投資することでも消費水準の引き上げは実現できる。国債の代わりに投資利回り20％の不動産物件に投資したとしても同じ結果が得られるわけだ（図4－2c）。

この世代間の効率的な資源移転には、「ファンダメンタルズより高く取引される資産があり、しかもその価値は年々上昇すること」が必要だということをティロールは証明した。

前述した「低金利下での高成長」、より厳密に言えば成長率が金利を上回っていることと合わせて、この二つが「合理的バブル」が発生する条件となる。

近年、この合理的バブルという現象は、改めて注目を集めるようになっている。コロナ以前の世界経済は長らく低金利時代が続き、成長率が金利を上回る状況が続いていた。ゆえに、世界各国のさまざまな資産で合理的バブルが起きていたのではないかと指摘されるようになってきたからだ。

たとえば、慶應義塾大学教授でマクロ経済学が専門の櫻川昌哉は、成長率が金利を上回る状態が持続するとき、定常状態の経済でもＧＤＰ成長率を上回らない程度の資産バブルが長期間持続すると指摘した（櫻川、２０２１）。このような持続するバブルこそが「合理的バブル」にほかならない。櫻川はまた、成長率が金利を上回る「低金利の経済」のもとでは、バブルは次々と対象を変えながら流転していくことを主張している。たとえば、１９８０年代における不動産と株式のバブルが終焉した後の日本経済では、国債がバブルの対象となっており、そのことが日本の巨額の財政赤字を支えているという。

中国は日本に比べてはるかに高い成長率を持続してきたし、ＧＤＰの水準を上回るような公的債務の拡大が生じているわけでもない。そう、中国では国債ではなく、不動産を対象として「合理的バブル」が生じてきたのではないだろうか。

図4-3を見ると、中国においても、2008年のリーマンショック後から一貫して成長率が平均貸出金利を上回る状態が続いていたことがわかる。また、同時期に住宅価格もほぼ5%を上回る上昇率で推移していた。本来はもう少し厳密な検証が必要だが、図からもこの時期の中国経済が、先ほど述べた合理的バブルを生み出す二つの条件をおおむね備えていたことがわかる。

中国において、このような「合理的バブル」を生み出すための条件が成立したのは、胡《フー》錦濤《チンタオ》政権期（2002〜2012年）のことであった。先ほども述べたように、合理的バブルの温床となるいわゆる「動学的非効率」と呼ばれる状況とは、投資が飽和状態にあり、資本が過剰に蓄積されているため、通常は成長率を上回るはずの金利がそれを下回るような状況を指す。胡錦濤政権期においては、①国有企業改革、企業間競争の激化などに伴う労働分配率の趨勢的低下、②金融機関からの借入が困難な非国有企業の内部留保（企業貯蓄）の増加、③社会保障整備の遅れによる家計部門の貯蓄率の上昇、などの問題が深刻化した（梶谷、2018）。このことは、資本が過剰に蓄積されていく状態、すなわち「動学的非効率」な状態をもたらしやすかったと考えられるからだ。

図4-3　GDP成長率と平均貸出金利の推移

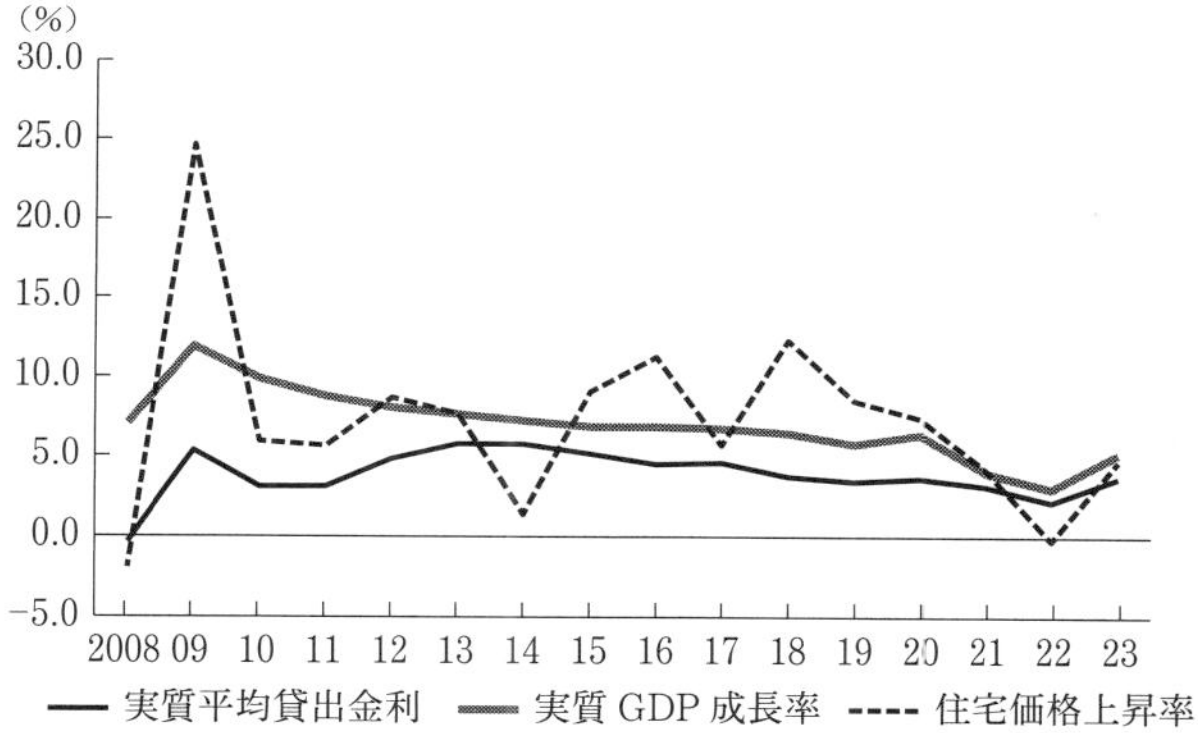

出所：CEIC Data

注：住宅価格上昇率は、全国平均の新築販売価格の対前年比として求めた。

特に、リーマンショック後の景気刺激策は、市場に対する政府の介入の度合いを増大させ、「国進民退」と一部の経済学者などから批判される事態を招いた。リーマンショック後に発動された、総額4兆元規模の景気刺激策は、その実行と資金調達の大半が地方政府に丸投げされたが、地方債の発行や、銀行からの地方政府の借入が厳しく制限されていた。このため「融資プラットフォーム」と呼ばれるダミー会社を通じて資金を調達し、地方都市のインフラやマンション建設などへの投資を大々的に行ったのである（詳しくは第6章参照）。

そのような地方政府主導の過剰な固定資本投資とセットになった一連の景気刺激策は、上記のような資本が過剰に蓄積される状況を

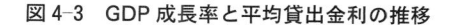

一層深刻化させたと考えられる。図4‐3が示すように、リーマンショック後の中国経済において、成長率が金利を上回るとともに、住宅価格が一定の水準以上の上昇を見せるという現象が続いた背景には、胡錦濤政権期にこのような過剰な資本蓄積が慢性化したことがある。

なお、図4‐3を見ると、実質GDP成長率と実質平均貸出金利は2021年から2022年にかけてきわめて接近している。合理的バブルが発生するために必要な成長率＞金利という条件が自明のものではなくなっているのだ。この成長率と金利の接近が2021年から始まった不動産市場の低迷とも大きく関係している可能性がある。

2．賦課方式の社会保障の不備

公的年金制度の課題

ここまで、合理的バブルという視点から、中国で長期にわたり不動産がファンダメンタルズ以上の価格で取引されていたことを分析してきた。ここでもう一つ、社会保障の不備が合理的バブルに拍車をかけたことを付け加えておきたい。

中国の公的年金制度は公務員や公共病院医師や公立学校教師が加入する公務員基本年金、企業被雇用者が加入する都市職工基本年金、そしてそれ以外の人々を対象とした都市・農村住民基本年金がある。中国の社会保障制度に詳しい、ニッセイ基礎研究所の片山ゆきの整理によれば、前二者の年金は比較的手厚い一方で、5億人以上が加入している都市・農村住民基本年金はきわめて不十分なものでしかない。こちらは農村向け年金と非正規労働者向け年金を統合したものだが、公務員基本年金や都市職工基本年金と異なり任意加入であり、平均給付額も都市職工基本年金のわずか19分の1と低い（片山、2018）。一方、都市職工基本年金と公務員基本年金にはまた別の問題がある。これらは賦課方式の共通基金に、積み立て方式の個人口座を組み合わせた「二階建て」方式となっている。賦課方式とは若い世代の保険料で上の世代を扶養する仕組み、積み立て方式とは自分の口座に保険料を積み立てる仕組みを指す。積み立て方式では自分がもらう保険料は自分自身が貯めることになるので、少子高齢化によって世代間の不公平が生じないというメリットがある。

年金が破綻するのではないか、若い世代は納付額に比べて給付額が少ないのではないかなどと言われている日本からすると、積み立て方式のほうが望ましく思えるかもしれない。しかし、積み立て方式の年金とはつまるところ、人々に強制的に貯蓄させる制度にほかならない。すでに述べたとおり、金利が成長率を下回っている動学的非効率の状況では、貯蓄は老年期の消費を最大化しない。一方、賦課方式の年金はというと、すでにみた図4－2bと同じ世代間の資源移転効果を持つ。したがって、賦課方式の養老年金によって世代間の資源移転をはかることが、動学的非効率の状況においては経済厚生を上昇させるものとなることが、マクロ経済学の標準的なテキストにおいても指摘されている（二神、2012）。

すなわち、動学的に非効率な状況において、政府部門が老齢年金などの社会保険の仕組みを整え、社会保障などのサービスを充実させれば、そういった状況を生み出した元凶である過剰な資本蓄積が抑えられ、不動産バブルが発生しなくても、全ての世代の経済厚生を向上させることが可能になる。一方、社会保障制度の整備が十分ではない場合、過剰な資本蓄積が抑えられず、経済が動学的に非効率な状態から抜け出せないことになる。

すでに述べたように、現在の中国の公的年金制度は、人口のほぼ半分を占める農民層や都市非正規労働者に対しては、そもそも十分な額の年金が支給される仕組みとなっておらず、また都市の正規労働者にとっても、世代間の資源移転を含まない積み立て方式の年金がかなりのウェートを占めている。近年の中国における資産バブル発生の原因が資本の過剰蓄積にあるのだとしたら、その一端は、こうした公的年金制度に代表されるように、政府が十分な世代間の資源移転を行っていないところにあることは明らかであろう。

なぜなら、そのように賦課方式の年金を通じた世代間の資源移転が十分ではない状況の下で、人々は「安心な老後」を過ごす手段として、マンションを購入してきたという経緯があるからだ。またこのことは、前述したように、マンション購入がしばしば「安心な老後を過ごすため」という動機から行われる、現在の中国における社会事情とも合致している。このような賦課方式の年金制度の不備を背景とした根強い都市部でのマンション需要の存在は、今世紀に入ってからの継続的な不動産価格の上昇を支えてきたとともに、旺盛な不動産建設を通じてさらなる資本蓄積の原因にもなってきた、ということができるだろう。

3. 合理的バブルの功罪と今後の展望

不動産バブルは何をもたらしたか

本章の最後に、これまで論じてきた合理的バブルが中国経済にもたらした功罪について考えてみたい。前々節で紹介したティロールによる議論によれば、合理的バブルの発生を通じて世代間の資源配分が行われ、すべての人々の経済厚生が改善する（いわゆるパレート改善）。中国を対象とした研究でも、合理的なバブルが国有企業への非効率な投資を縮小し企業間の資本配分を改善する効果を持っていることを示した論文がある（Ge = Yuan, 2022）。

となると、今世紀に入ってから続いてきた中国の不動産バブルは基本的にみんなを幸せにした、素晴らしいものであった……と言えるのだろうか。しかし、それははなはだ疑問である。

第一に、すでに取りあげたが、年金が不十分なために不動産がその代替手段として使われたという側面がある。また第二に、資産価格の上昇は、社会保険の提供に比べて限られた層の経済厚生を上昇させるに過ぎず、経済格差を拡大させる性質を持っていることも見過ごせない。北京市や上海市の不動産を購入できれば勝ち組になれるが、買えなかった人は中国の高成長から取り残される。すなわち巨大な富を生み出した中国の不動産バブルも、その恩恵にあずかれた人はごくごく一部に過ぎない。

第三に、度重なる不動産バブルの発生によっても動学的に非効率な状況は基本的に解消されておらず、ティロールのモデルにおいて想定されていた、合理的バブルの発生によって、さらなる物的資本の蓄積を抑制するような働きが生じていなかったことが指摘できる。

資本の過剰蓄積が解消され、これまで続いてきた成長率が金利を上回るような状況が終焉すれば、不動産市場において生じてきた合理的バブルも持続不可能になることは、経済理論の上からも明らかだ。そうなったとしても、例えばバブル崩壊後の日本で生じたように、低金利の国債を広く国民が保有するか、あるいは都市の正規労働者しかカバーしていない賦課方式の公的年金を、全国民に拡充するなどの手段で世代間の資源移転を図れば、しばらくは低金利の下で人々の不満を抑えつつ、一定の経済成長を実現することは可能である。しかし、そのように中国政府が不動産市場をソフトランディングさせ、値上がりが続くと考えてマンションを購入した中間層の間で生じることが予想される混乱と社会不安、およびその長期化を招くことを避けられるかどうかは、いまだ不透明な状況にあるといわざるを得ない。

もちろん、中国政府も近年の不動産危機について、ただ手をこまねいていたわけではない。本書でもしばしば言及してきた未完成マンション問題の解決について、政府は2022年11月に「足元の不動産市場の安定健全発展に対する金融支援の実施に関する通知」(「金融16条」)を発表した。これは「保交楼《バオチヤオロウ》(購入したマンションの引き渡しを保証する)」をスローガンに、政策銀行による「保交楼」特別貸出の提供、経営危機に陥ったディベロッパー企業の支援、住宅購入者に対する金融面での権益の保証など、住宅の建設を支え、それ以上の価格下落を防ぐための包括的政策を実施するものだ。

また翌2023年2月には、政策金利を据え置きながらも中国人民銀行が中期貸出ファシリティを通じて銀行間市場に1990億元を供給するなどの緩和策が講じられた。これらの住宅価格維持政策の結果、住宅ローン金利は低下し、主要70都市の新築マンション価格はわずかに上昇に転じた。しかし、この上昇は長続きせず、同年6月以降には再び多くの都市で住宅価格は下落するようになった。

政府はこれに対し、2023年6月に1年物および5年物のローンプライムレート(L

図４–４　商品住宅価格指数の動向（対前年比）

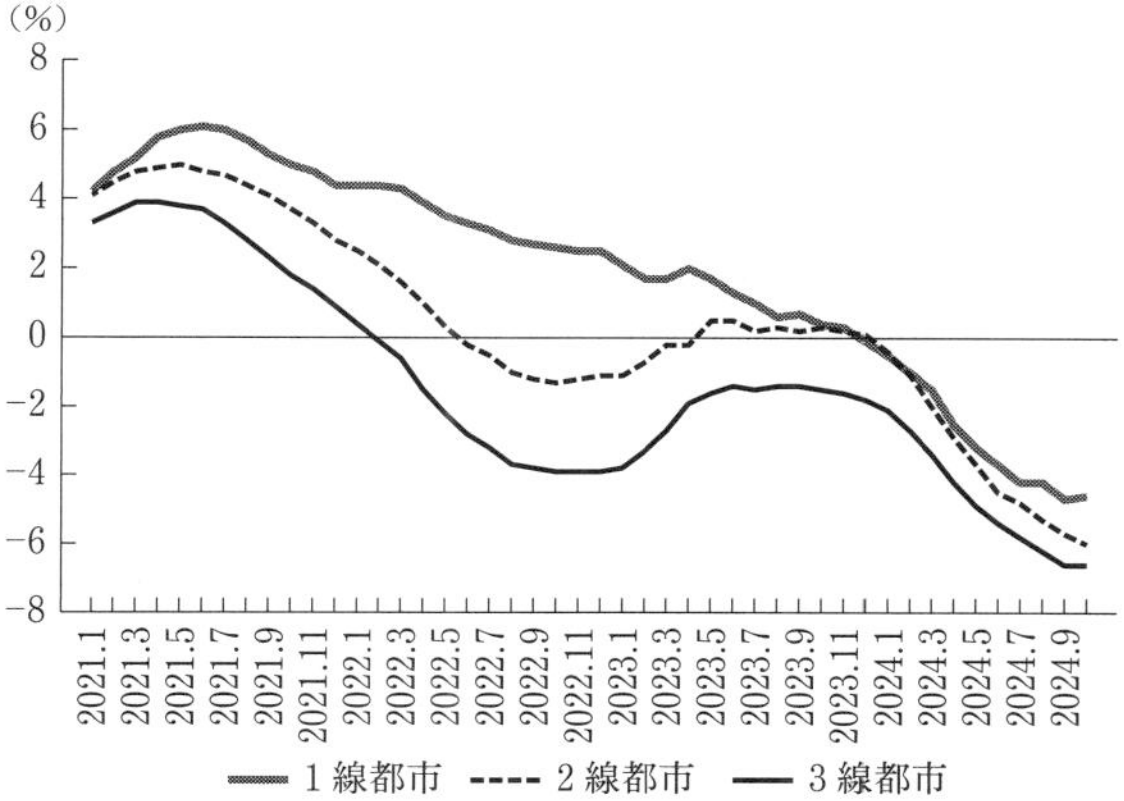

出所：中国国家統計局ウェブサイト（http://www.stats.gov.cn/）

PR）をそれぞれ０・１%引き下げ（１年物は８月も）、さらに２０２４年２月には５年物LPRを０・25%引き下げるという措置を採った。しかし、これらの利下げにもかかわらず、２０２４年第１四半期になると不動産価格は再び下落傾向を強めており（図４–４）、これに合わせて住宅販売額や面積も再び落ち込みを見せている（図１–２）。同年５月には地方政府が主体となってマンションの在庫を買い取り安価な住宅に転換して提供したり、あるいはマンションの保有者に既存住宅の売却と買い替えを促進するインセンティブを与えたりする（「以旧換新《イーチウホワンシン》」）一連の政策が導入されたほか、住宅ローン金利の下限も撤廃された。

ただし、価格を下支えするにはより大規模な財政支出が必要だという声が強く、現時点（2024年11月）で、住宅価格の下落を食い止めるには至っていない。

これまで長きにわたり続いてきた「合理的バブル」も、いつかは終焉を迎えることは避けられない。それでは、「いま」がその時期なのだろうか。筆者（梶谷）は、これまで不動産における合理的バブルが、中国全体の成長率を支えてきたことを踏まえ、もうしばらくはその終焉を先送りすることが可能だし、それが望ましいと考えている。その理由は主に二つある。一つは、繰り返しになるが、中国の預金、貸出金利にはまだまだ下げられる余地があり、金融政策次第ではこれ以上の不動産価格の低下を食い止めることが可能だからだ。前述のような施策による金融機関の利鞘の縮小に対しては（第6章参照）、経営の効率性を高めるような指導を強化するなど、別途対策を講じるべきだろう。もう一つは、不動産バブルが終焉しても現在のように消費が落ち込まず、人々が安定した生活を送るためには、賦課方式の年金の拡充をはじめとしたより普遍主義的な社会保障制度の充実が不可欠だが、現状ではその条件が整っているとはとても言えないからだ。

第4章の小括

それでは、本章の内容をまとめよう。

- これまで続いてきた中国の不動産バブルは、長期にわたって一定の資産価格の上昇が見られる「合理的バブル」だと考えられる。
- 不動産不況に端を発した現在の難局を乗り切るためには、低金利政策と消費を下支えする財政出動によって当面の経済成長率を維持する必要がある。
- 長期的には財政支出の拡大と社会保障の充実など、高齢化に向けた「安心できる老後」のための制度設計が必要となる。

しかし、３期目を迎えた習政権は、このような「時間稼ぎ」の政策にこれまであまり積極的ではなかった。そのこともあって、不動産市場の低迷とそれに対する政府の対応は、消費の低迷や地方政府の財政難というわかりやすい連鎖だけでなく、ＥＶ（電気自動車）や太陽光パネルなどグリーンテックの輸出急拡大という意外な「結果」をもたらしている。次章以降で、合理的バブルのほころびがもたらした問題を見ていきたい。

第5章　中国社会を覆う悲観論

本書前半にあたる第1章から第4章にかけて、不動産危機について読み解いてきた。後半の第5章以降では「社会を覆う悲観論」「地方政府の財政難」「EVの躍進」「一帯一路」といったトピックを取りあげていく。不動産とは無関係の話題に思えるかもしれないが、結論を先取りすると、不動産の問題もこれらの問題も同じ「根」から生まれたものなのだ。すなわちいずれも、「供給能力の過剰と消費需要の不足」という、中国経済の宿痾が別の形で表出したものだと考えられるからだ。

まず、この第5章では筆者（高口）による中国現地取材、在日中国人へのヒヤリングを中心に、中国社会で高まる悲観論が個人と企業をどう変えたのかを見ていきたい。

1. 中国人の生き方が変わった

消えた楽観、投資は悪

独裁に苦しむ民衆、格差の拡大、物価の上昇……といった具合に、中国社会の現状について、日本のメディアはネガティブな話ばかりを取りあげる傾向にある。「楽しく暮らしています」では記事にならないのでいたしかたない部分もあるが、報道で知る中国と実際の中国の落差は大きい。

これまでの中国では、貧しくても楽観的な人が多かった。それは、成長、上昇のベクトルが続いていたからだ。ほとんどの人が5年前、10年前と比べて生活水準が上がっている。また、親世代よりも子ども世代のほうが豊かになっている。短期的な浮き沈みはあっても、長期で見れば中国経済は成長し、自分たちは豊かになる。投資をすれば儲かる。明日にはもっとよい社会がやってくるという感覚があった。

普段の会話の内容も何に投資すれば儲かるのか、どういうビジネスチャンスがあるのかといった儲け話になることが多い。それゆえ投資詐欺も多く、国民総〝山師〟的ないかがわしさもある。

ところが、今の中国では、この楽観が雲散霧消してしまった。儲け話を探すよりも、借金をいかに減らすか、今ある資産をどう守るかのほうに多くの人の関心が向いている。中国で最近流行った造語に「リベンジ貯蓄」なるものがある。本来はコロナ禍でできなかった消費を楽しむ「リベンジ消費」が期待されたのだが、消費が戻らず借金返済と貯蓄に邁進する動きが広がったことを指す。

特に住宅ローンの繰り上げ返済は社会問題となったほどだ。多くの銀行は毎月一定人数の繰り上げ返済しか受け付けないため、数カ月の申請待ちになるなどの騒ぎとなった。ウェブには「繰り上げ返済計算機」というサービスまで登場している。利払い分をいくら節約できるのかを簡単に計算できるものだが、それほど借金返済と貯蓄への関心が高まっているということだ。以前なら闇金から金を借りてでも住宅を買う、有利な住宅ローンを組むために偽装離婚するという三面記事的なエピソードがよく聞かれたが、すっかり逆転したわけだ。その影響が統計にも表れている（図5-1）。

グラフを見ると、住宅ローン残高は2023年第1四半期をピークに減少傾向にある。不動産が売れなくなった影響に加え、ローンを抱えた人々の間で繰り上げ返済がブームになっていることが拍車をかけているわけだ。

住宅ローンは借金のなかでも、もっとも金利が低い。手持ち資金に余裕があっても繰り上げ返済なんてもってのほか、その金を他の儲け話に投資するほうが絶対に得だと言われていた。だが、その常識も今では逆転した。

「住宅ローンがない部下は恐ろしい。叱責したら反撃してくる」

図５-１　住宅ローン残高の推移

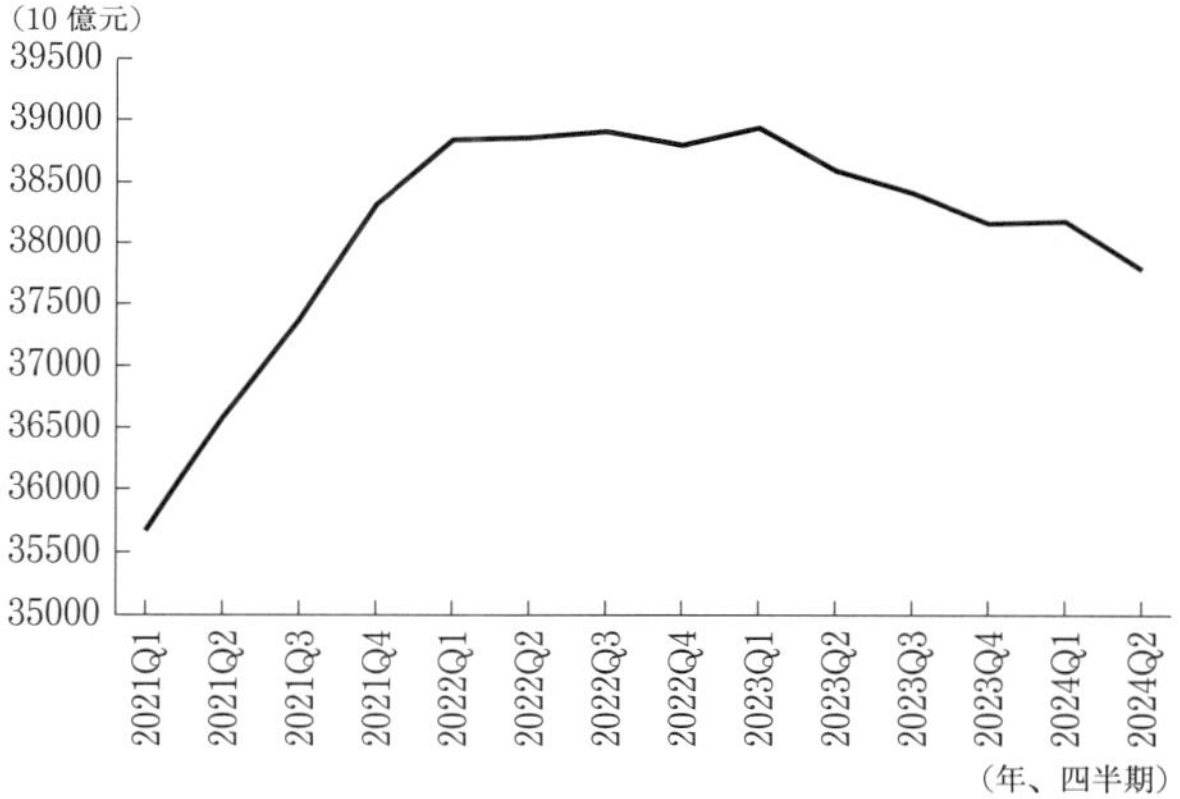

出所：中国人民銀行ウェブサイト

「俺には自動車ローンも、住宅ローンも、子どももない。だから、俺をいじめられるやつは誰もいない」

これらは２０２３年夏にネットで流行したフレーズだ。借金はリスクでしかない、借金がなければ自由に生きられるという時代の空気感を映しだしている。住宅ローンを組んで家を買い、余った金は別の投資に回し、財務自由（ファイナンシャル・インディペンデンス。日本ではファイナンシャル・インディペンデンスと早期退職を組み合わせたＦＩＲＥという言葉で流行した）を達成するのが理想の人生。これがコロナ前の感覚だったので、あっという間の転換にあぜんとさせられる。

スタバに見る消費ダウングレード

コロナ禍と不動産危機を経て、投資から貯蓄へと時代のムードが切り替わった。では、消費はどうだろうか。

コロナ禍の後、中国を何度も訪問しているが、街中を歩いてみても、繁華街は相変わらずのにぎわいだし、レストランも混み合っている。わかりやすい不景気は感じられなかったが、飲食店関係者に話を聞くと、まったく別の姿が見えてきた。

実は、繁盛しているのは中・低価格帯の店が中心で、高級店ほど売上が下がっているのだ。外食よりもっと安いコンビニ弁当、あるいは手軽に自炊できるミールキット（肉や野菜などの材料と調味料のセット販売）などは絶好調だ。食うに困るような状況ではないが、節約志向が強まっている。これらは、北京で日本料理店向けの食材卸事業を営むA氏の証言だ。

上海市で高級日本式焼き肉店を経営するB氏も同様の悩みを訴えていた。

「以前ならば一番高い酒を注文していた人が、二番目の酒にする。ボトル3本空けていた人が2本で帰る。客が消えたわけではないですが、こうした節約志向によって売上は下がっています」

こうしたトレンドは消費降級《シャオフエイジャンジー》（消費ダウングレード）と呼ばれている。対になる言葉が消費昇級《シャオフエイションジー》（消費アップグレード）だ。2010年代後半に流行した言葉で、同じカテゴリの商品を買う場合に今までよりもちょっといいものを選ぶというトレンドを指す。中国政府が2018年に発表した政策文書「消費促進体制・メカニズムの整備と家計部門の潜在的な消費需要の更なる喚起に関する若干の意見」では、「住民の消費アップグレードの趨勢に順応し、高品質な製品とサービスの供給増加に努力する」と、推奨すべき傾向として挙げられている。

経済成長に伴って、もっと良いモノが売れるのがトレンドだったわけだが、コロナ明けには真逆の節約志向、消費ダウングレードが主軸となってしまったわけだ。

消費ダウングレードの沼に捕まり苦しむのが米スターバックスコーヒー（スタバ）だ。同社の発表によると、2022年10月から2024年9月末まで、8四半期連続で中国市場の平均客単価が落ち込み続けている。ラッキンコーヒー（瑞幸咖啡）やコッティコーヒー（庫迪咖啡）、ラッキーカップ（幸運珈）などの中国ローカルの新興コーヒーチェーンが急拡大し、激しい価格競争に陥っていることが原因だ。中国勢は安さを武器に客を集め、勢いを作ってフランチャイズオーナーを募集するという戦略をとっている。中国勢最大手のラッキンコーヒーは2023年6月に1万店舗を突破、2024年7月に2万店舗目をオープンした。わずか13カ月で1万店舗の拡大、つまり毎日約26店舗をオープンさせた計算になる。中国でのスタバの店舗数は7000店舗あまり。すでに3倍近い差が付けられている。

中国はもともと「お茶の国」だが、コーヒーの消費量は大きく伸びている。特に都市部では朝、喫茶店でコーヒーをテイクアウトして、仕事しながらオフィスで楽しむライフスタイルはごくごく一般的なものとなった。もはや、コーヒーは中国人の生活に欠かせない。よって節約志向の高まりは、コーヒーを飲むことをやめることには向かわず、スタバをやめて中国チェーンに切り替える、あるいはコンビニコーヒーやインスタントコーヒーにするといった形で現れている。

コーヒーにおける消費ダウングレードの動きはさらに加速している。ラッキンコーヒーは2024年には「9・9元」（約200円）と、スタバの半額以下での値引きキャンペーンが話題となった。スタバはそのブランド力によって価格競争には参加しないとの姿勢を貫いてきたが、消費ダウングレードの圧力に逆らえず、フードデリバリーサービス経由

図５-２　消費者物価指数の推移

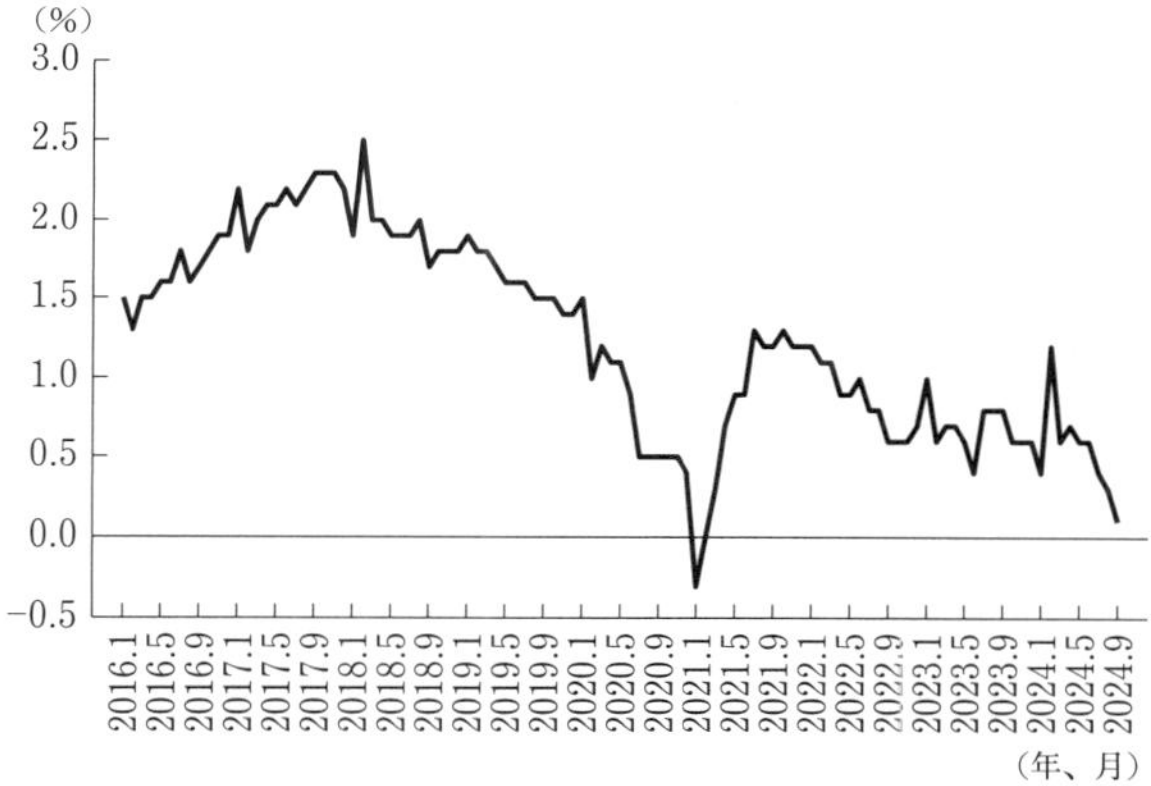

注：数値は食品、エネルギー価格の上昇分を除いたコアコアCPI。
出所：中国国家統計局、国家数拠

で割引きクーポンを配布するなど、目立たない形ながらも値下げ競争に参戦している。こうした消費の弱さは物価指数にも反映されている。季節要因や外部要因に影響されやすい食品、エネルギーを除いたコアコアＣＰＩの推移を見ると、２０２４年９月時点で０・１％増とマイナス物価入り目前だ（図５−２）。日本では20世紀末から２０２１年まで、断続的ではあるが、コアコアＣＰＩのマイナス基調が続き、長いデフレを経験した。

中国も同じ長期不況の入口にあるのではないか、との不安が広がっている。

中国で事業展開する日本企業にとっても、影響は深刻だ。大手化粧品メーカーの資生堂は2024年1～9月の中国市場での売上が前年比8％減、中国・海南島免税事業の売上は30％超のマイナスと大きく落ち込んだ。日本や欧州での売上は堅調ながら、中国依存が災いして業績が大きく悪化した。「節約志向・貯蓄性向の高まりを受けた消費の低下」が要因として挙げられ、打開策は見えない状況だ。他の消費財メーカーも中国事業の業績は悪化している。

下海から上岸へ

ここまで個人の投資、消費を見てきた。悲観論に影響を受けて、両者ともトレンドが大きく変化している。

変化という意味では就職観についても触れざるを得ないだろう。

公務員を辞めて民間で働くことを「下海《シアハイ》」と言う。改革開放初期の1980年代、市場経済で稼いで金持ちになろうと、多くの人が「下海」したのだが、今の風潮は真逆だ。どうにかして体制内の安定した職を得ようとする「上岸《シャンアン》」を目指している人が多数を占めるようになった。

2024年の国家公務員試験の出願者は340万人。2021年に200万人を超えて話題となったが、あっという間に次の大台を突破した。合格枠は全体で3万9700人なので、倍率87倍の狭き門だ。なお、中国の国家公務員試験はポストごとに募集がおこなわれるので、数千人が一つのポストに殺到することもある。

国家公務員以外でも、地方自治体職員や準公務員待遇の公共機関職員も同じく「体制内」（中国共産党の体制内部の意）と言われており、やはり競争が熾烈だ。日本の県にあたる省レベルの公務員試験の応募者は500万人を突破している。準公務員と呼ばれる第三セクター職員も競争が激しい。

誰もが競争を勝ち抜くのに必死だ。公務員試験浪人も増えており、実家で家事手伝いをしながら公務員試験浪人を続ける「全職児女《チュエンジーアルニュー》」（フルタイムの子ども）なる言葉も生まれている。試験勉強だけではなく、日本風に言えば内申点稼ぎもがんばらなければならない。特に中国共産党党員になることは、公務員試験にかなり有利と言われる。入党には推薦を得たりレポートを執筆したりとかなり手間がかかる上、なったらなったで、勉強会やらボランティアのお誘いやらで時間がとられるが、それでも党員志望者は増えるばかりだ。

コネも資本も技術もなくても、才覚さえあれば起業家として成功できる時代はとっくに終わった。かといって、中小企業のサラリーマンになると、業績は不安定な上に、ワンマン社長の理不尽な指示に振りまわされる。大企業も以前ほどの輝きはない。給与だけならば公務員よりよっぽど高いが、いつ解雇されても不思議ではない。景気悪化を受けて大企業でもリストラを行うケースは珍しくないからだ。もともと競争が激しく、幹部になれなければ40代でのリストラが当たり前の世界だけに、安全志向を強めた若者たちには不安なキャリアに見える。

投資、消費、就職——。いずれの面でもリスク回避、安定志向が前面に打ち出されているわけだ。

2. 企業から消えた積極性

傷ついた中小企業

コロナ禍と不動産危機の前後でドラスティックな転換を遂げたのは、個人だけではなく企業も同じだ。

ポストコロナの中国を訪問した際、ダメージがわかりやすい形で可視化されていたのが卸売市場だった。上海市の七浦路服飾商業街。華東地方最大の衣料品卸売市場で、この場所から中国全土の個人店舗やネットショップに出荷される。従業員らの仕事は来店した客との商談よりも、宣伝用の写真撮影や梱包発送といったネット販売業務が中心だ。市場を歩くと、女性店員が下着姿をあらわにしつつ、服をとっかえひっかえ着替えながらモデルとして写真を撮っている姿も目にする。中国紙『文匯報《ウエンフイバオ》』によると、2018年時点で6500以上のショップがひしめき、日に200〜300トンもの衣料品を出荷していたという。大きな袋にパンパンに詰められた衣料品が道端に積まれ、宅配業者の配送を待っている光景は壮観だった。

市場を久々に訪れると、道路に面した部分だけは変わらぬ盛況だったが、ビルの中には全く異なる光景が広がっていた。2階、3階と上っていくと空きテナントの数が増えていき、ついには一店舗も営業せず電気が落とされているフロアもあった。目抜き通りから少し外れた場所だと、一棟まるまる営業停止していることもある。真っ暗なビルの中はほぼ空っぽ、荷物を運び出す時に落とした服がぽつんぽつんと転がっている。まさに廃墟だ。

ショップ経営者らに話を聞くと、上海ロックダウンのダメージだという。ロックダウン期間中は仕事はできないが、その間も市場のテナント料、従業員の給与は払わなくてはならない。せめてテナント料を減免して欲しいと抗議したが、要求は通らなかった。国有企業や大手民間企業が運営する市場やモールで、入居企業と直接契約しているケースでは減免されたケースもあるようだが、この市場ではテナントの権利が転売されていたり、あるいは半年や1年の契約で借りた後に又貸しされていたりと、貸し手も中小零細個人事業者であることが多い。大企業ならば中国共産党の要請に渋々従って減免する余裕があるかもしれないが、中小事業者は減免すれば自分たちが破綻しかねない。

テナントが歯抜け状態になった結果、市場運営者はこれではイメージが悪いと、残った店舗を目立つところに集めた。だから上階ほど空きが多かったのだ。中国ではさまざまな業種で、大型ビルの中に卸売店を集めたビル型マーケットが存在している。上海市以外では深圳、重慶、貴陽の各種卸売市場も回ったが、程度の差こそあれ、おおむね似たような状況だった。

これまでならば、テナントに空きがでればすぐに代わりの店が入っていた。商売が上手くいかずに諦めた人も、前払いで借りているテナントを又貸しすれば少しは金になる。なにより、商売をやってみたいという起業家スピリッツにあふれた人は〝無限〟にいるため、潰れても潰れてもすぐ次の借り手が出てくる。

海の波のごとく次から次に現れる新規参入者の群れが中国経済のダイナミズムを生み出していたのだが、なぜ今回は市場の空きテナントが埋まらないのか。ショップ経営者の一人は、零細起業家たちの元手がないからではないかと話していた。

上海市の七浦路服飾商業街

コロナ禍における中国の企業支援策は、社会保険料の納付減免や延期、金融緩和と銀行融資の奨励、政府や国有企業の物件に入居している場合のテナント料減免などだが、零細事業者や個人事業主はほとんど恩恵にあずかれなかったという。この卸売市場では借り手も貸し手も個人で、政府の救済スキームの外側にいるケースが多い。救済を受けられずに資金を使い果たしてしまったため、再起の野心は残っていても今すぐにはどうにもできないのではないか、と。日本ではお店など中小事業者の起業を促すための政府系融資機関などの制度が整っているが、中国では自己資金でやるか、それとも親戚や友人知人から金を借りるかしかない。

かくして無限に現れるかのように思われてきた、新規参入者がついに枯渇したのである。

ユニコーンはどこへ消えた？

大企業も先行きが見えず、投資を躊躇せざるを得ない状況が続いている。２０２４年１～10月の民間固定資産投資は前年比０・３％減とマイナスに落ち込んだ。今はアクセルを踏めないとの判断が広がっているわけだ。

中国経済のダイナミズムを代表していたスタートアップ投資にも変調が見られる。２０１０年代の中国経済が輝いて見えたのは、ＧＤＰや所得の成長もさることながら、飛躍的な成長を遂げるスタートアップ企業が数多く誕生したからだ。動画サービスのティックトック、ドローンのＤＪＩなど世界的に有名なブランドも誕生し、ユニコーン企業（評価額10億ドル以上の未上場企業）の数は米国に次ぐ世界2位となった。ただ、それは過去の話だ。中国ユニコーン企業数は、２０２１年は１６９社、２０２２年と２０２３年は１７２社とほとんど増えていない（大川、２０２４）。

「中国のスタートアップ投資はもう終わった」と、筆者の友人である中国ベンチャー企業創業者は嘆く。彼は、誰でも簡単にギターやピアノを習得できる、IoT（モノのインターネット）楽器で起業した。大手IT企業の投資も獲得し、中国のみならず米国や日本にも事業を拡大。以前は世界的な楽器メーカーを目指すと鼻息も荒かったが、再会すると、「中国経済ヤバい、うちの会社の経営もしんどい、どっか買収してくれないかな」と愚痴ばかりこぼしている。

実際、統計を見てもスタートアップ投資は激減している（図5-3）。2021年はコロナを受けてのバイオ医薬品投資ブーム、米国の規制を受けての半導体投資ブームがあったので突出しているが、それを例外とすれば、2017年をピークに減少していることがわかる。

しかし、投資金額の減少以上に危機的なのは、投資先となるビジネスが限定されはじめていることだ。どういうことか。民間ファンドが縮小する一方で、政府引導基金と呼ばれる地方政府が中心となり設立したベンチャーファンドは肥大化している。2023年に新設されたベンチャーファンドでは、出資額ベースで40・6％が政府系ファンドによって占められているほどだ。企業からすると、資金調達のためには国が定めた重要産業分野にあわせなければならず、事業の自由度が失われる傾向にあるという。

スタートアップ企業は一か八かの奇想天外なビジネスが多いが、政府系ファンドは公金を浪費したとの批判を恐れ、こうしたビジネスには出資しない傾向が強い。シェアサイクルなどはその典型だろう。

シェアサイクルとはつまるところ、街中に大量の放置自転車を置いて回るようなビジネスだ。通行の邪魔になるという社会的な面から見ても、大量の自転車という資産を用意しなければならないという財務的な面から見ても、きわめてリスクの高いビジネスであった。

実際、中国でも先行した大手企業が潰れるなどの混乱が生じたが、今やそのビジネスモデルは世界に広がり、定着している。日本でもシェアサイクルや電動スクーターのシェアリングサービスはすでに定着した感がある。奇想天外なビジネスへの出資を控えると、こうした大きなチャンスを逃しかねない。

以前は、中国からは面白いビジネスアイデアが生まれると評価し、実際に現地を視察し、そのアイデアを模倣しようという起業家も少なくなかった。孫正義は米国のインターネットビジネスを真っ先に日本に持ち込んだ経験から、海外で成功したビジネスモデルを日本でいち早く展開せよという「タイムマシン経営」を唱えた。一時期は中国から日本への「タイムマシン経営」が試みられていたが、そうしたダイナミズムは今や見る影もない。

図５−３　スタートアップ投資の金額・件数推移

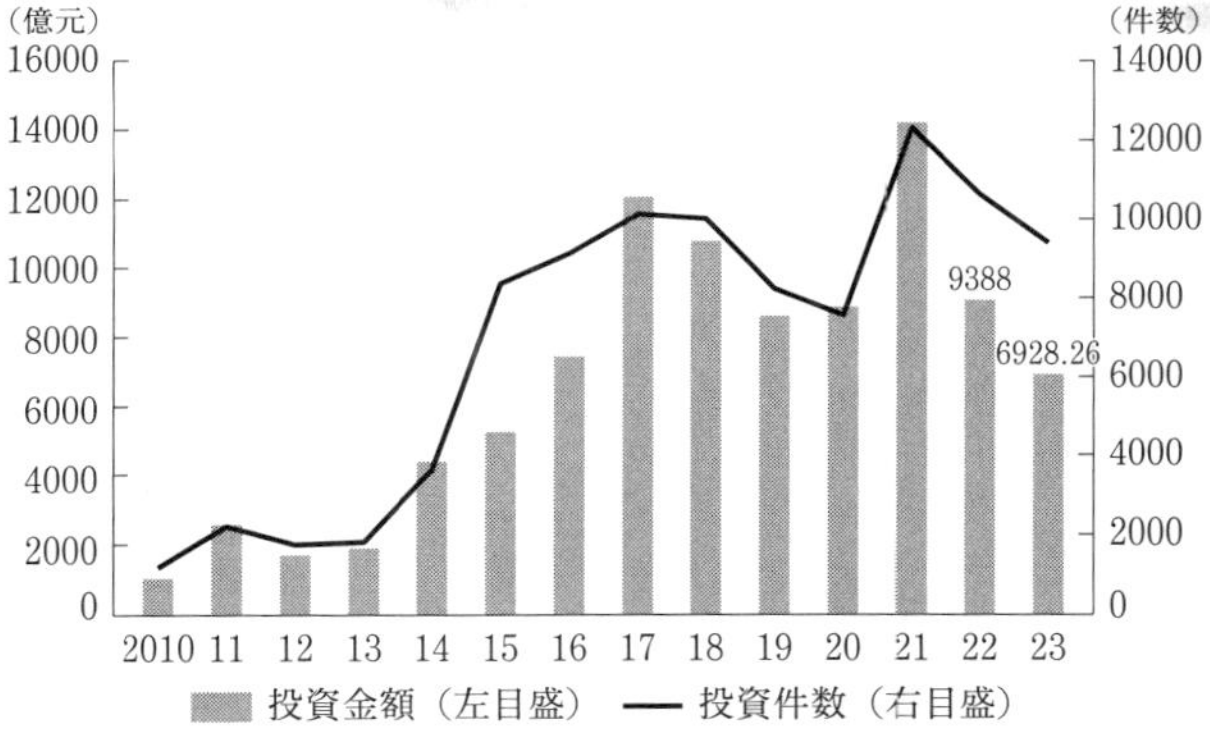

出所：清科研究センターの報告書をもとに筆者作成

不動産危機を境に中国社会はまるで別の姿へと変わってしまったかのようだ。悲観論は人間の心理や社会のムードに属するが、その蔓延は経済低迷の要因となる。今後も景気はよくならないという予想のもとに人々が行動し、投資や消費を抑制することで、本当に景気が悪化してしまう。中国経済の先行きは暗いという悲観的な予測が、その未来を実際のものとする予言の自己成就を招きかねないわけだ。

第５章の小括

本章では不動産危機後の現在、中国社会を取り巻くムードが大きく変わったことを取りあげた。その論点を改めてまとめておこう。

・成長は続くという予測に基づく楽観性が不動産危機後に失われた。
・それにより投資から貯蓄へ、消費から節約へ、起業から公務員へと、個人の志向が保守的になった。
・ベンチャーキャピタルの縮小とスタートアップの窮乏、大企業の投資縮小など、成長期待の喪失は企業にも大きな影響を与えている。

経済について議論する際、個人、企業、政府という三つのプレイヤーを取りあげることが一般的だ。本章では不動産危機後に個人と企業を取り巻くムードと行動が変化したことを描いた。では、残る政府は不動産危機後にどのような状況にあるのだろうか。

次章では、（地方）政府が置かれた状況を見ていこう。

第6章　地方政府はなぜ財源不足に苦しむのか

第5章では個人と企業に広がる悲観論について取りあげた。次に取りあげたいのは地方政府の問題だ。個人や企業は将来への不安から慎重な行動に転換していたが、地方政府も今まさに、財政難という現実的な問題に直面し、より悲観的になっているからだ。

もともと地方政府の財政は税収だけでは不足しており、農地を収用し住宅地や商用地として払い下げる、土地所有権の売却益に支えられてきた。不動産市場の低迷によって新築マンションの価格が下落すれば、必然的に土地の価格も下落する。マンションを建設する不動産ディベロッパーも土地を買い控えるようになり、地方政府の売却益は大きく落ち込むこととなる。こうして、地方政府の財政状況は大きく悪化した。第2章で言及した黒龍江省鶴崗市は、2021年12月に職員採用計画を取り消し、財政再建計画を実施することを公表した。つまりは事実上「財政破綻」したのだ。このように窮地に陥った地方政府もいくつか現れている。

本章では、このような地方財政が抱える問題の背景として、習近平政権の下での中国のマクロ経済の運営が、供給サイドのものに偏っていることを指摘する。そのうえで、コロナ以降、米国をはじめとした主要国が積極的な財政出動に踏み切り、経済的な困難を乗り切ったことを根拠として、主流派の経済学者の間でも積極財政を支持し、拡張的な金融政策との協調を重視する議論が増えてきていることの意味を改めて考える。

これからの中国経済の行方を占う意味でも、積極的な財政政策と金融政策によって総需要を拡大する政策が行われるかどうかが重要であることを、改めて強調したい。

1. 苦境に立つ地方財政

土地財政から融資プラットフォームへ

第2章において、コロナ禍以降の中国のマクロ経済政策が、金融緩和に偏り財政出動が不十分だったことを指摘した。そのしわ寄せが集中しているのが地方財政である。

地方政府は長年にわたり、土地所有権の売却益という〝非税収〟自主財源に依存してきた。その歴史について簡単に振り返っておこう。

改革開放期の財政制度改革の歩みは、1979年に四川省ならびに江蘇省で実験的に行われた、地方財政請負制度（財政請負制）の導入に始まる。財政請負制とは、簡単に言うと、地方政府が集めた財政資金の一部を中央政府に上納し、その残りを地方政府が独自に管理し、自由に支出を決定するというシステムのことである。この方式の下では、地方企業の収入と支出も省の管轄とされたこともあり、省の財政基盤が大きく拡大した。

この方式では地方政府の独立性が強すぎると、朱鎔基《チューロンジー》副首相（当時）のイニシアチブにより、1994年より分税制が全国で実施された。分税制は、地方政府と中央政府の収入が明確に区別されることなく徴収されていた、それまでの地方財政請負制度のやり方を改め、財政収入を「中央固定収入」と「地方固定収入」、および一定の比率で中央・地方間で分配する「中央・地方共通収入」に分類する。このように税収の帰属と徴税主体を明確化することで財政の制度化と中央政府による財政再配分機能の強化を図ろうとしたのだ。その結果、付加価値税など税収の大半は中央財政の所管となった。

しかし、改革されたのは税収が中心で、支出の大半は相変わらず地方政府が担っていた。地方政府からすると収入は減ったのに支出は変わらないため、慢性的な赤字体質となったわけだ。このため90年代後半には、不足する財政資金の穴埋めをするべく、「乱収費」（法的根拠のない管理費や罰金の徴収）が広がった。その名目は緑化費、交通安全費、計画外出産費（一人っ子政策違反の罰金）、レストラン衛生費など多種多様だった。

中央政府の規制もあって「乱収費」は2000年代に入ると減少し、民間企業への土地使用権売却が主要な自主財源となった。いわゆる「土地財政」である。農民に安価な補償金を支払って、土地を収用する。その後、不動産ディベロッパーなどの民間企業に高値で払い下げる。このシンプルなモデルから土地財政はさらなる発展を見せる。それが「融資プラットフォーム（融資平台）」だ。

この「融資プラットフォーム」は、2008年のリーマンショックとその後の大規模な景気刺激策によって広範に見られるようになった。地方政府はまず「融資プラットフォーム」と呼ばれるダミー会社を設立。土地を担保として銀行から融資を受け、それを自主財源とするスキームだ。

中央政府が債務不履行のリスクを懸念して、融資プラットフォームへの銀行からの融資を規制するようになると、今度はノンバンク、いわゆる「影の銀行」から資金を調達するようになった（図6‐1）。銀行にせよノンバンクにせよ、怪しげなダミー会社への貸付というといかにもリスキーに思えるが、政府の権限が絶大な中国において、地方政府からの融資の要請を断ることは難しい。さらに、もし債務不履行に陥るようなことがあっても、最後は地方政府が介入し救済してくれる〝はず〟だ、という期待も広がっていた。これは明文化されていない「暗黙の了解」にすぎないが、必ずしも金融機関が政府の〝善意〟を確信しているわけではない。もし、ある特定の融資プラットフォームへの融資が回収できないようなことがあれば、中国全体のプラットフォームに対する信用が失われ、経済に大混乱を引き起こすだろう。そんな事態を（地方）政府が容認するはずはない、とその腹の内を見透かしてきたという側面もある。リスクはあるが、絶対に破綻はしない、させてはいけないと皆が信じ込むことによって安定が保たれているという、一種のチキンゲームのような状態がこれまで続いてきたのだ。

地方政府の会計や銀行の融資は透明化されており中央政府も内実を把握している。しかし、影の銀行から融資プラットフォームに流れ込んだ資金の流れや額については、監視する制度はない。そこで２０１１年６月、中国国家審計署（日本の会計検査院に相当）は、地方政府の実質的な債務規模を確定する大規模調査の結果を公表した。それによって、地方政府の実質的な債務は総額10兆７０００億元、ＧＤＰの約27％に相当することが明らかとなった。

この地方政府の債務のうち、46・４％が融資プラットフォーム経由だった。中国全土津々浦々に約６５００社という膨大な数の融資プラットフォームが設立され、中央政府か

図 6‒1　融資プラットフォームと影の銀行

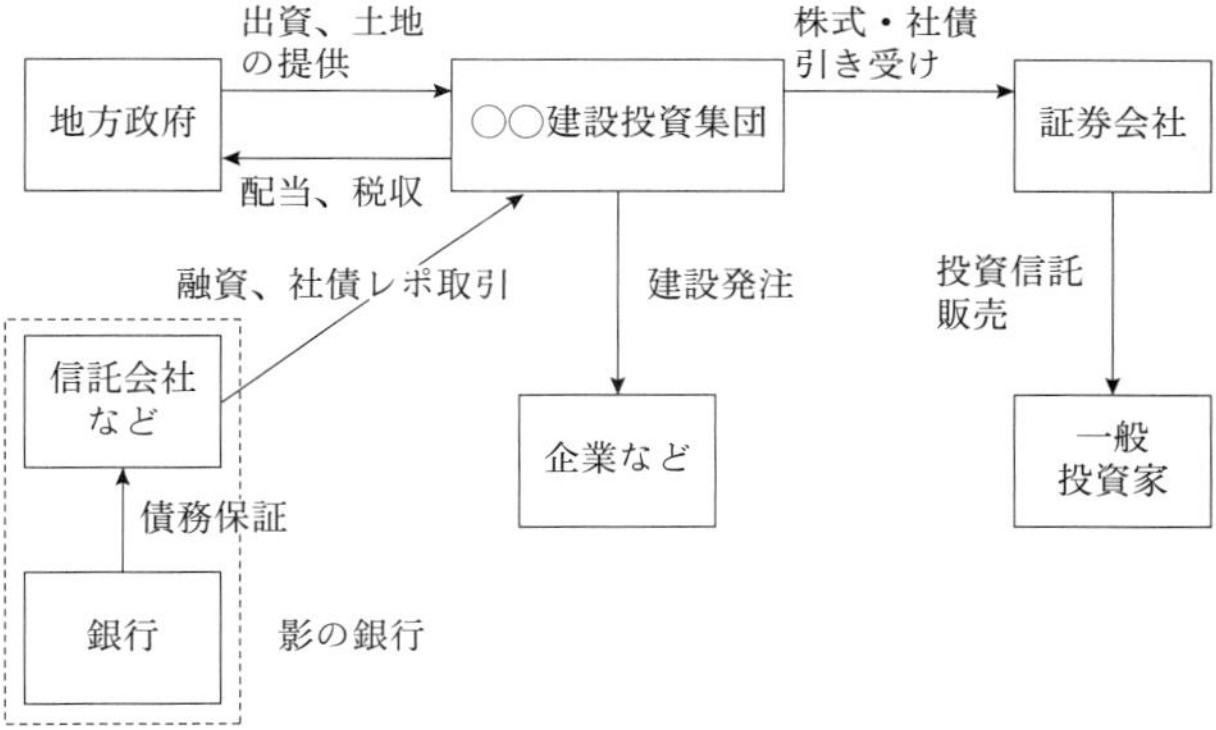

出所：筆者作成

図 6‒2　国有地使用権譲渡収入対前年伸び率

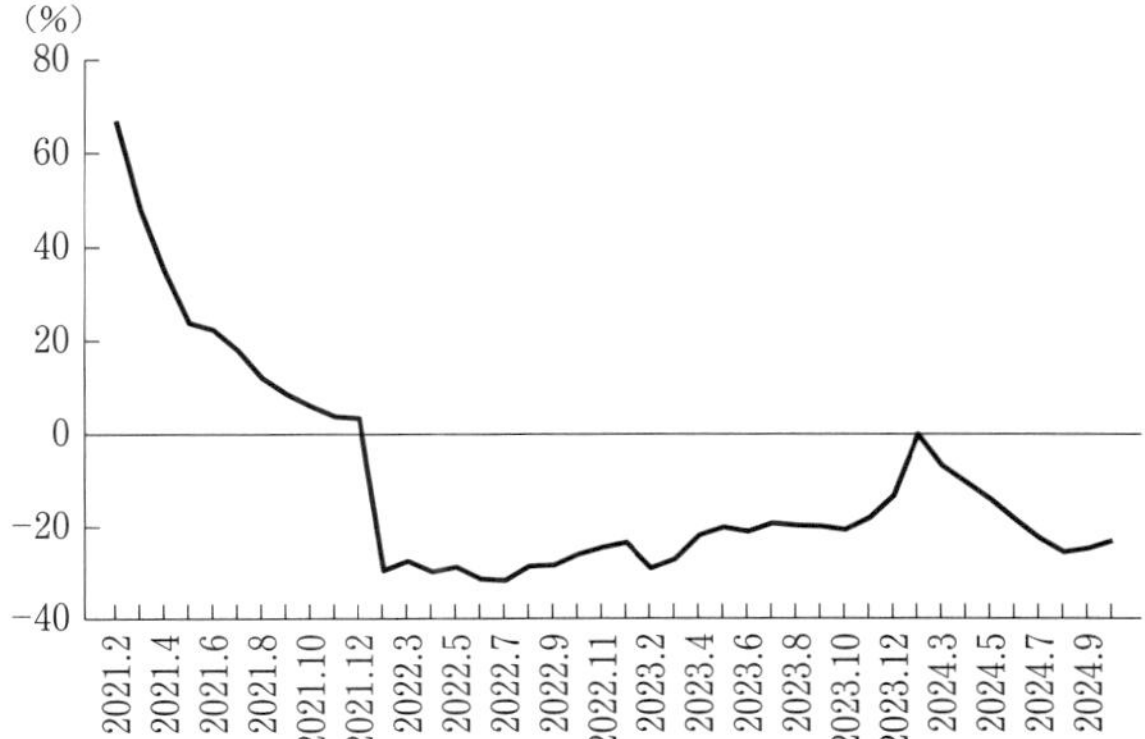

出所：中国財政部ウェブサイト「財政数拠」から「財政収支状況」
(http://www.mof.gov.cn/index.htm)
注：数字は１月からの累計値。

らは見えない債務を積み上げていたのだ。

資金調達の高度化

一般的な地方財政の外に膨大な債務が積み上がる。このリスクに対し、中央政府は手をこまねいていたわけではない。早くからその存在を問題視し、整理・縮小を狙った政策を打ち出してきた。しかし、徹底はできなかった。不況になれば景気対策が必要となる。中央政府は対策を打つように号令をかけるが、主な資金の出し手は地方政府である。そうなると、地方政府はどこからか資金を捻出する必要がある。融資プラットフォームはこうして、中央政府が規制を強化すると減少するが、不況になると形を変えながら「復活」するというサイクルを繰り返してきた。直近では、言うまでもなくコロナ禍による経済の低迷が融資プラットフォーム再拡大のきっかけとなっている。

こうしたリスクの高い資金調達が再拡大した背景は二つある。第一に、前述したような、不動産市場の低迷に伴う土地使用権譲渡収入の低下である（図6-2）。もともと地方政府の財政は、地方政府が収用した農地などの使用権の売却益に多くを依存してきたため、売却益の低下によって他の収入が必要となった。

第二に、地方債発行の不健全さだ。中国ではもともと地方の自主財源が不足しており、それが融資プラットフォームへの依存の一因となってきたことはすでに述べた。融資プラットフォームという裏ワザを使わなくても、地方債を発行すればいいと感じた読者も多いのではないか。実は、中国では地方政府の乱脈財政を警戒して、長年にわたり地方債の発行は原則として禁止されてきた。２００９年になってようやく、融資プラットフォームを通じた民間債務の拡大とそれに伴うリスクに対応するため、中央政府は地方債の発行に関する制限の緩和に踏み切った。

まず、リーマンショック後の景気対策を実施するために、２０００億元規模の地方債について、中央政府による代理発行が実施された。そして、２０１１年から上海市、深圳市、浙江省、広東省といった沿海部の省と市で地方債の自主発行が開始された。その後、地方債発行の権限を持つ地域は順次拡大し、２０１５年にはすべての地方政府で発行が認められた。

中国政府の狙いは、インフォーマルな融資プラットフォームからよりフォーマルな地方債へ、地方政府の債務を置き換えることだった。２０１４年９月に国務院が発表した「地方政府性債務の管理強化に関する意見」では、地方政府の起債メカニズムの改善や予算管理の強化を通じて、地方政府が抱える債務リスクを解消させるという方針が明記されている。融資プラットフォームを通じて拡大してきた地方政府の隠れ債務を、より透明性の高い、低リスクの債務として管理していくことを目指したのである。

だが、この狙いは成功していない。中国・対外経済貿易大学教授の西村友作らの分析によれば、地方債、特に目的を限定した地方特別債の発行が急増した2018年9月以降には、本来は起債リスクが異なるはずの、各地方政府の発行する債券間の利回りの格差が消失してしまったという（西村・東・坂下、2021）。これは、EUを例にとれば、財政状況が超健全なドイツと、常に財政危機に陥る可能性を抱えたギリシャが同じ利回りで国債を発行できるようなもので、市場が本来持っている債務主体のリスク評価が全く機能していないことを意味する。本来ならば、地方債の購入者が各地方政府の信頼性や財政の健全性を評価することによって利回りが決まるという、市場メカニズムに則った発行形態が想定されていた。ところが、実際には関係者が「どうせ地方政府の借金なのだから、最後は政府がケツを拭いてくれるだろう」と先を見透かすという、融資プラットフォームと同じ論理が働いていたわけだ。

市場メカニズムに基づく地方債の発行にも失敗したことで、融資プラットフォームはその勢いをさらに拡大している。有力経済誌『財新周刊』２０２３年5月22日号の特集記事「融資プラットフォームによる起債ブーム」は、これまでも地方政府の「隠れ債務」の温床となってきた融資プラットフォームが、「城投債」と呼ばれる債券の発行を通じて債務を拡大させ、地方財政のリスクを拡大させている実態を明るみに出している(1)。

また、その手法も変化しており、近年ではいわゆる「仕組み債」と呼ばれる、より複雑な形態が多用されているという。

代表的な手法は、資産担保証券（ＡＢＳ）のスキームを用いたものだ。ＡＢＳとは、不動産や住宅を担保にしたローンなど、何らかの資産を裏付けに発行される証券の総称である。中でも中国で問題になっているのは、融資プラットフォームが自社発行の債券を自己資金で購入し資産として計上する、というトリッキーな手法だ。プラットフォームは、その資産を担保として証券を発行し、新たな資金調達を行う。この資金を使って再び自社債を購入し……というサイクルを繰り返す。当初の資金や担保が少なくても、サイクルを回せば多額の資金調達を行うことができるといううま味に加え、債券を資産として計上しているために自己資本比率が高く見えることで、会計上は優良企業に見せかけて、より低い利率で資金を調達できる。

この手法は市場をゆがめるとしてすでに規制対象となっている。それでも、財務状況が厳しく、正規の資金調達チャネルである地方債の発行条件を満たさない地方政府の多くがこの手段を用いているという。

他にも、地方政府が財政収支について虚偽の報告を行うケースも増加している。国家審計署は2023年6月に、70以上の地方政府で財政収入の水増しが行われていたことを公表した。地方政府の保有資産を、傘下の融資プラットフォームに購入させるといった手段で（実際には地方政府内部で資産を右から左に移しただけだが）、約861億元の虚偽の収入を生み出したという(2)。

潜在的なリスクとされてきた融資プラットフォームだが、すでに一部では危機が表面化している。発行した債券の利払い、償還ができずに債務不履行に陥る事例が現れたのだ。2022年12月に債務再編の実施が公表された、貴州省遵義市の融資プラットフォーム「遵義道橋建設集団」がその代表例だ。このケースでは上級政府の介入により、債務の返済期限を20年間延長し、前半の10年間は利払いのみ行うという債務再編で決着した。問題が起きれば政府がなんとかしてくれるという「暗黙の了解」は一応守られた格好だが、リスクが表面化し、債券償還の期限変更を求めるケースが増えている。

融資プラットフォームの行き着く先

米シーフェアラー・キャピタル・パートナーズのニコラス・ボーストによれば、融資プラットフォームを通じた地方債務の問題には、政府の「暗黙の保証」による「隠れ債務」の拡大、そしてそれに伴うモラルハザードの問題が付きまとう。融資プラットフォームが純然たる民間企業であれば、銀行やノンバンクから借り入れた資金が返せなければ倒産してしまうので、借入や投資プロジェクトの実行には慎重になるはずだ。しかし、それらの負債を地方政府が肩代わりしてくれるのなら、評価の甘いプロジェクトや資金調達が十分な審査を受けずに実行されるリスクは高まる。こうしたモラルハザードによって、地方財政が抱えるリスクはますます大きくなる、というわけだ（Borst, 2022）。

ここまで、地方政府の財政リスクの高まりを取りあげてきた。では、中国はこのリスクにどのように対処するべきだろうか。前述した特集記事が掲載された2023年5月の『財新周刊』の社説では、財政・税制の改革を進め、各地方政府が合理的な債務管理のシステムを構築し、債務問題について迅速な責任追及を行うべきことを主張している。たしかに、地方政府がリスクテイクに伴う「責任」を回避した形で「暗黙の保証」を融資プラットフォームなどに提供する状況は早急に改善しなければならない。その意味では王道の改革案だ。

ただ、たんに融資プラットフォームを取り潰すだけで、代わりとなる地方政府の財源を用意しないのであれば、財政支出の停滞、すなわち緊縮財政を招いてしまう。そうなれば、民間需要に力強さを欠く中国経済が回復軌道に乗ることは難しいだろう。景気刺激策の実行と責任を地方に転嫁しても、そのツケは中央政府に返ってくる、というのがこれまでの中国経済の歩みが教えるところだ。

では、肝心の中央政府の方は景気刺激策に関して、どのようなスタンスをとっているのだろうか。

2．中国政府はなぜ均衡財政にこだわるのか

地方分権的すぎる中国の財政制度

融資プラットフォームが何度規制されても復活する背景には、景気対策の主な担い手が地方政府であるにもかかわらず、十分な財源が与えられていないことがあることは前節で述べた。

これはコロナ禍以降だけの現象ではない。中央財政は昔から一貫して赤字の拡大には慎重で、財源を出し渋ってきたという経緯がある。一例として、リーマンショック後の4兆元対策を挙げよう。世界的な経済危機に対し、中国政府は巨額の景気対策を打ち出したとアピールした。しかし、その内実を見ると、融資プラットフォームによる銀行借入や債券発行の拡大が相当の規模を占めており、中央・地方財政の赤字はそれほど拡大しなかった。

財政における収入と支出をバランスさせ、赤字拡大を忌避する立場を均衡財政主義と言うが、中国政府は一貫して均衡財政主義を堅持してきた。その背景には「地方分権的な財政制度」と「供給サイドの改革」という二つの要因がある。

まず、「地方分権的な財政制度」について取りあげよう。「総書記をトップとした中央集権国家」が一般的な中国のイメージだろうが、財政制度はきわめて地方分権的であることは、研究者の間ではほぼ常識となっている。中国と同じく非先進国の大国である、インドとロシアの財政制度と比較するとよく分かる。

図6―3は、中国・ロシア・インド3カ国における国家財政に占める中央政府の比重を比較したものである。2014年以降に焦点を当てると、次の2点を指摘できる。

第一に、中央政府の比重は歳入・歳出ともにロシアが最も大きく、最も中央集権的であるということだ。原油、天然ガスの輸出が歳入に直結していることや、2012年以降は国防費の増加の影響があると思われる。ロシアには及ばないものの、インドがこれに続く。一方で中国はきわめて特殊だ。まず歳出だが、2010年代は20％以下にまで下落している。逆に言うと、全体の歳出のうち約80％は地方政府が担っている。中央政府の比重が60％近いロシア、40％前後のインドと比べると差は歴然だ。歳出から見れば、中国は3カ国の中で最も地方分権的である。

一方で歳入を見ると、2014年以降では、中国は50％弱。60％前後のロシア、インドと比べればやや少ないとはいえ、歳出ほどの圧倒的な差はない。つまり、中国は歳入と歳出で中央政府の比重が大きく異なっている。歳入が多いのに歳出が少ないとなれば、中央政府の財政が潤沢なのも当然だ。もちろん、その資金を貯め込んでいるわけではない。中央財政にカウントされた資金も一定額は、補助金などの形で地方に移転される。

「税収が多く支出が少ない中央政府」とは、ひっくり返せば「税収が少なく支出が多い地

図6–3　国家財政に占める中央政府の比重（%）

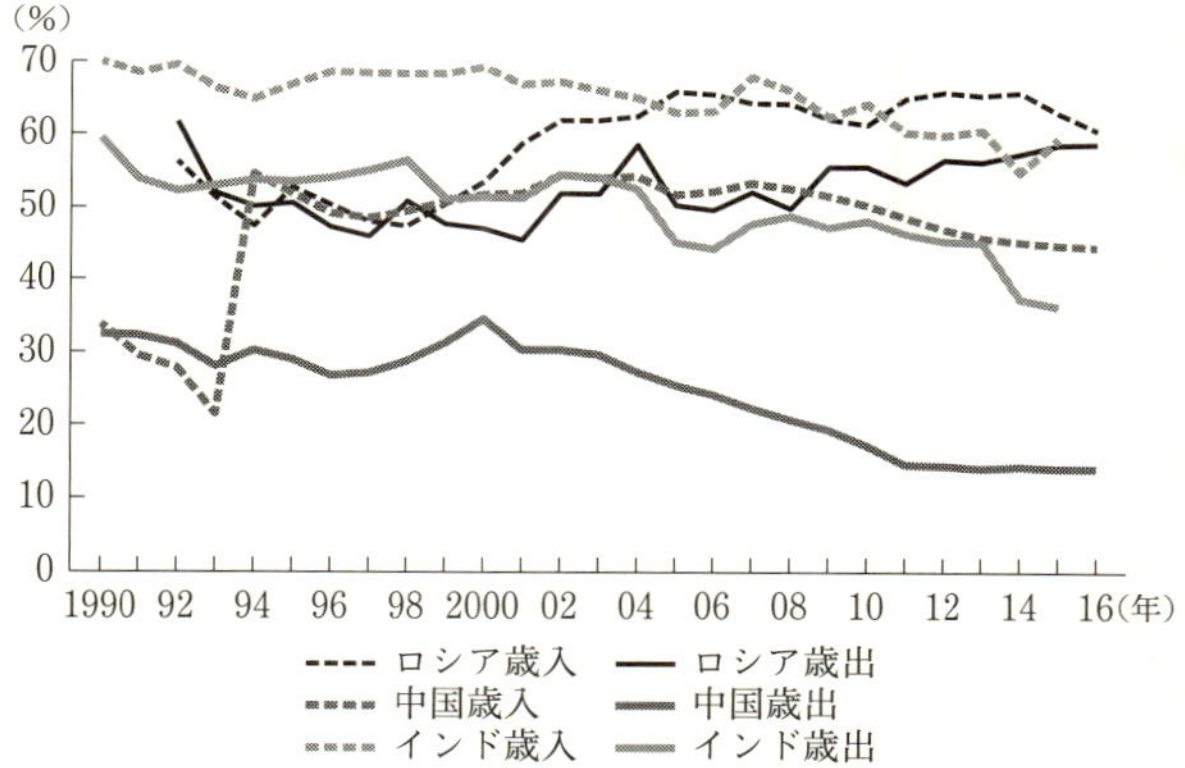

注：ロシアでは、2005年以降は社会保障関連基金を含む一般政府予算が公表されていることから、中央政府財政については、連邦財政歳出から、地方財政歳入統計における移転額を控除し、国家財政歳出・歳入総額についても、連邦財政と地方財政の合計からこの移転額を控除した。2004年以前は、国家財政歳出・歳入総額については公表されている統合国家予算のデータを用いた。1992〜1999年の移転額は財務省未公刊資料などから入手した。

出所：田畑・梶谷・福味（2019）

方政府」が存在することを意味している。地方政府が財政難で、独自財源に頼らざるを得ないのには構造的な要因があるというわけだ。

そこで、前述した「土地財政」の出番となる。土地使用権有償譲渡による収入は、正規の地方政府歳入の50～70％に相当する規模を占めている（梶谷、2018）。

ではなぜ、財政が地方分権的だと均衡財政が志向されるのだろうか。そこには地方政府債務の不安定性が関係している。通貨発行権を持たない地方政府の債務は、中央政府の債務よりもはるかに不安定だからだ。日本政府は2022年時点で対GDP比257・2％と世界でも突出した債務残高を抱えているが、現時点では政府債務は安定している。これが可能なのは日本の財政制度が基本的に中央集権的であることも一因だ。一方、通貨発行権を持たない地方政府の債務は不安定であり、債務拡大に対して慎重にならざるを得ない。すなわち、均衡財政を志向せざるを得ないわけだ。ゆえに国家財政に占める地方財政の比率が大きければ大きいほど、国全体としても均衡財政主義が採用されやすくなる。

中国のきわめて分権的な地方財政は、「事実上の財政連邦制」とも呼ばれ、地方政府が中国の高度成長を支えるというポジティブな側面からも評価されてきた（田畑・梶谷・福味、2019）。高い経済成長率が持続している、言い換えれば中国全土で収益性の高い投資機会が豊富にある状況では、地方政府同士が競い合ってインフラ建設や企業の誘致、育成に邁進するというインセンティブが与えられる。そのように、地方間の激しい競争が国全体の高成長につながっていった。しかし、経済がいったん後退局面に入ると、今度は逆方向の競争が起きる可能性がある。どれだけ健全な財政にできるかというゴールの異なる競争が始まり、すべての地方政府が歳出を削減した結果、国全体で経済に悪影響を与える緊縮財政に向かってしまうのだ。

すでにそうした動きは始まっている。米ウォールストリート・ジャーナル紙は、財源不足に苦しむ地方政府が、公共交通機関や安い文房具の利用、行政文書の両面モノクロ印刷の推奨、食べ残しを出さない、出張を減らす、公用車やオフィス家具の修理・再利用など、公務員に対し「倹約生活に慣れる」よう指示を出している、と報じている。(3)

また、2024年5月には、広州や上海など中国全土の10以上の都市で、水道料金の対前年比10～50％引き上げ、およびガス料金の5～20％引き上げなど、公共料金の大幅な引き上げが実施されたことが報じられた。(4)

さらに同年6月には、複数の上場企業が多額の税金未納分を支払うよう、当局から要求されており、これが業績に影響を与える可能性があることも報じられている。(5) また、財政難を罰金徴収により補うため、交通ルール違反や無許可営業の摘発を強化したり、徴収する罰金の額を引き上げたりする地方政府も増えている。中には、東北部・遼寧省盤錦市のように「罰金の街」として有名になるケースさえある。(6) 罰金や恣意的な費用徴収を財源とする、1990年代の「乱収費」が復活するかのような動きだ。

景気が低迷し、民間部門の消費・投資需要が伸び悩んでいる時には政府部門が支出・投資を増やす必要がある。さもなければ、経済が縮小してしまうからだ。しかし、現在の中国における地方政府の緊縮的行動は経済を支えるどころか、民間部門からさらに資金を吸い上げ、景気をより悪化させるものだ。過度に分権化された地方財政は、好況期には経済成長を加速させる役割を果たした。だが景気後退期においては、相争って緊縮的政策を行わせることで、さらに経済を悪化させるという弊害を生んでいる。

3．均衡財政主義の下で推奨される「供給サイドの改革」

中国が均衡財政を堅持する、もう一つの理由が「供給サイドの改革」の影響である。基本的な話をおさらいしておこう。経済には需要と供給がある。需要とはある商品やサービスに対する欲求であり、供給とはそうした商品やサービスを作り出すことを意味する。需要と供給は車の両輪であり、どちらが欠けても成り立たない。しかし、近年の中国政府のマクロ経済政策は、供給サイドに偏重してきた。後述するように均衡財政主義を堅持してきた政府は、総需要の拡大については消極的だったのだ。中国政府はなぜ、これほどまでに供給サイドの改革の呪縛に陥っているのか。以下ではこの点に注目しよう。

だが、その前にまず、供給サイドへの偏重についての例を挙げよう。第2章で取りあげた、コロナ禍における景気対策はその典型だ。個人の所得補償よりも企業への低金利融資を重視する、供給面のショックが大きい局面では総需要を刺激する政策を控える、さらには財政出動による景気刺激策では効率性を向上させるインフラ投資を重視する。これらはいずれも供給サイドへの対応だ。失業者への対応にしても、直接的な資金提供よりも、起業活動への資金支援、職業訓練による技能向上、職業学校などにおける学生募集規模の拡大といった、将来的な成長性を重視する支出が優先された。これはある意味で主流派経済学に忠実な対応と言えるが、現金給付や給与補償を中心とした労働者の救済、需要ショックへの対応を重視した、先進国の経済対策とは対極である。むしろ効率性を重視するあまり、零細事業者や失業者への救済が不十分になっていたことが懸念される。

コロナ禍の緊急対策が一段落した2020年7月、中国共産党中央政治局会議では「国内大循環」をキーワードとした、中長期的な発展戦略が打ち出された。コロナ禍の打撃、米中対立に代表される国際環境の圧力といった厳しい状況下で、今後の経済運営方針を示したわけだが、これもまた供給サイド重視の改革案であった。

そもそも習近平政権は、2014年から供給サイドの改革を重視する方針を打ち出している。この10年間、米中対立やコロナ禍があり、中国を取り巻く環境は大きく変化した。状況に応じて経済政策は変化して当然のようにも思われるが、こと「供給サイド重視」という点に関しては、習政権の姿勢はまったく変わっていない。

なぜ中国政府/中国共産党/習近平は供給サイドの改革ばかりに目が向き、需要サイドに目が向かないのか。儒教的禁欲主義や指導者習近平個人の資質など、様々な理由付けが可能だろう。しかし、あくまで経済学の観点からこれを説明するなら、筆者（梶谷）は、「供給サイドの改革」が、いわゆる新自由主義的な処方箋に沿ったものであり、それが少なくとも近年までは中国経済の高成長を支えてきた側面があるからだ、と考えている。

竹中平蔵も推奨する「供給サイドの改革」

ここでキーパーソンとなる経済学者の名前を挙げておこう。読者は意外に思われるかもしれないが、2000年代の小泉改革以来日本の経済政策にも大きな影響を与えてきた、慶應義塾大学名誉教授の竹中平蔵である。

竹中について筆者が以前から注目してきたのは、中国における評価の高さである（梶谷、2020）。小泉政権で閣僚に任命されたころから、その言動は特に中国の「改革派」知識人やメディアから常に高い注目を集めてきた。「百度百科」（中国版ウィキペディア）の「竹中平蔵」の項目では、彼が小泉政権時代に行ってきた様々な経済改革が詳しく紹介され、その手腕が高く評価されている。

竹中は、小泉政権期から、折に触れ日本における雇用の流動化の必要性を語っており、自らも2003年の労働者派遣法改正に代表されるように、それを促進する政策の実現に関与してきた。近年では、竹中の主張の重点は外国人労働者の受け入れの緩和にシフトしつつある。移民労働の受け入れを積極的に行うべきだとの持論は、「政策工房」代表で元経済産業省の原英史との共著『日本の宿題　令和時代に解決すべき17のテーマ』（東京書籍、2020年）の中でもより詳しく述べられている。

また竹中は、中国メディアの取材に答える際にも、雇用の流動化が経済成長にとって重要であるという持論を再三強調している。たとえば、2018年に行われた、独立系の経済メディア『財新網』によるインタビューの中で、竹中は日本経済が直面する問題として労働力不足を挙げ、労働市場を対外開放して移民を受け入れることが今後の成長に必要だ

と強調したうえで、以下のように発言している。(7)

「一般的に、人々は短期雇用を不安定なものだと考えています。しかし興味深いことに、(人材派遣会社パソナの)システムに登録している人たちのうち、そう考えているのは全体の4%に過ぎません。70〜80%の人々は自ら希望して短期の雇用形態を選んでいるのです。なぜなら、長期間雇用が固定されていなければ、引っ越しや旅行もできますし、子どもの面倒も見ることができるからです。人々が短期雇用に対して抱いている印象や偏見は、その多くがマスメディアによる歪んだ報道によって作られたものです」

中国における竹中の高評価のキーパーソンといえるのが、『財新網』や経済誌『財新周刊』を統括する「財新メディア」グループの創業者である胡舒立《フーシューリー》であろう。胡が1998年に創刊した独立系の経済誌『財経』は、経済問題を主としながらも地方の汚職事件などにおける大胆な調査報道で「中国の真実」を描き出すメディアとして評価を高めていった。胡は『財経』誌の編集主幹だった時から竹中、および彼が行おうとする経済改革について注目し、記事としてたびたび取り上げるだけでなく、2度にわたるロングインタビューを行っている。特に注目すべきは『財経』２００６年1月23日号の「日本の改革を解読する」という日本経済の特集記事である。この特集は、竹中以外にも田中直毅、加藤寛といった著名な経済評論家、および何人もの財界人に対してインタビューを実施し、さらに胡らによる詳細な解説が加えられるという、非常にボリュームのある特集であった。

インタビューを実施した胡は、日本経済に関する竹中の見解について、以下のようにまとめている（胡、２００６）。

「経済学者たちは、日本の経済衰退は周期的なものではなく、構造的なものであると明言している。構造改革が非常に困難であることが、日本経済の回復を遅らせてきたのだ。（中略）日本は産業界・金融界・政府が一体化した、強大な社会的利益集団を形成してきた。また従来からの終身雇用制度が、日本国民の伝統的な体制への依存をもたらしてきた。このため、『小さな政府』を実現し、より一層の市場化を推進することが国家の長期的な経済発展にとって有益であるにもかかわらず、これまでは誰も改革のコストを分担しようとせず、実行に移せなかったのである」

注意しなければならないのは、このような胡らによる竹中への高い評価は、あくまで中国国内の状況を念頭に置いたものである、ということだ。すなわち、上記のように胡が発言するとき、日本経済自体に対する興味もさることながら、やはり政府による市場への非効率な介入が横行する中国においても、新自由主義的な「小さな政府」を目指す改革の断行が必要だ、という、中国国内の「改革派」としての主張が見え隠れする。

さらに、2010年に竹中が中国を訪問した際に胡と行った対談で、政府と市場との関係について述べた次のような発言も興味深い（胡、2010）。すなわち、政府支出には「救済型」と「根本治療型」があり、これまでの日本の財政支出は「救済型」であった。その代表的なものが失業者に対する給付金である。しかしこのような「救済型」の支出を続けていく限り、財政収支が悪化するのは避けられない。したがって経済成長自体を加速させて自然に財政収入が増加するようにする「根本治療型」の財政支出を行うべきである。この点で、中国は日本を反面教師にすべきだ、と。

なぜこの発言に注目すべきなのか。第2章で述べたように、コロナ禍に見舞われた2020年、日本を含めた多くの主要国が、企業や個人への「救済型」の財政支出を積極的に行い、財政赤字を膨らませた。その一方で中国は、武漢市での感染拡大を徹底した都市封鎖で抑え込むと同時に、個人や企業に対する個別の救済を行わず、その代わりに竹中のいう「根本治療型」の政府支出、すなわち供給サイドを伸ばす産業政策を優先させ、均衡財政主義を堅持したと考えられるからだ。

少なくともリーマンショック後の経済政策に関する限り、中国の政策当局は、竹中の唱えるような新自由主義的なマインドをかなりのところで内面化し、実際にそういった供給面重視の政策によって大きな成果を挙げてきた。その成功体験がある種の呪縛となっているのではないか。ここまで述べてきたとおり、コロナ禍以降の中国に不足しているのは総需要刺激策だ。だが、中国政府は供給サイドの改革に執着し、財政支出も供給力を上げる「根本治療型」にしぼっている。過去の成功体験に発想が囚われているのだ。

さらなる効率化を狙う要素市場化改革

今、中国政府が推進する供給サイドの改革の目玉となっているのが、生産要素の市場化だ。2020年10月に公表された第14次5カ年計画の関連文書で、生産要素の市場化が、「国内市場、生産ライン、分配、流通、消費の各環節において産業独占と地方保護を打破し国民経済の良好な循環をもたらすもの」「生産要素の市場化配置と商品サービス流通を妨げる体制メカニズムの障害を打破する」と定義されている[8]。大企業による独占と地方政府の保護主義打破はわかりやすいが、生産要素の市場化とは何を意味しているのだろうか。

その詳細については、それより先の2020年3月発表の「生産要素市場のより完全な配置体制とメカニズムの構築に関する意見」という改革案に示されている[9]。経済学では、一般的に財やサービスの生産に用いられる根源的なリソース、つまり生産要素として、「土地、労働、資本」を想定している。この三つの要素を企業などの経済主体の間で効率的に配分することは、持続的な経済成長の重要な条件である。中国政府による改革案は三大生産要素に加えて、技術とデータを加えた五大生産要素の効率的な配分によって経済成長を実現するという構想だ。

簡単に言ってしまえば、不必要な産業から成長産業へと土地・労働・資本・技術・データなどの生産要素を移転させる、何をどれほど移転させるかはマーケットが決定し、その障害となるもの（地方政府の保護主義や過剰な規制、縁故主義など）を排除していくということになるだろうか。必要なところに生産要素がスムースに供給されるというと聞こえはいいが、現実で起きるのは効率の悪い産業や企業、過剰生産能力がある産業分野や工場の淘汰にほかならない。それによって生まれた失業者には、別の産業での就職を促すことになる。実際に、2022年1月に発表された、より具体的な計画案である「要素市場化配置総合改革試点総体法案」では、労働者の技術・技能を評価する制度を強化し、労働者が自らのスキルを活かせるよう労働市場の流動化を進めることがうたわれている(10)。

プラットフォーム企業への逆風と「共同富裕」

生産要素の配置を最適化することは、経済成長にとってはプラスとなることは間違いないが、一方で非効率な産業や企業の淘汰を進めることで、企業の倒産、(一時的にせよ)失業者の増加、そして格差の拡大を招くことは避けられない。人々に痛みをもたらすわけだ。政府はこれにどう対応していくのか。

実は意外な形で対策は打ち出されている。プラットフォーム企業への巨額の罰金と規制、いわゆる「IT企業規制」と、富裕層の自発的な寄付による再分配政策である「共同富裕」だ。いずれも一見すると、供給サイドの改革とは無関係に思えるが、実は深く連関している。

まずは「IT企業規制」から説明していこう。

2020年11月、中国IT大手アリババグループ(阿里巴巴集団)関連の金融会社アント・グループ（螞蟻集団）の新規株式公開（ＩＰＯ）が、直前になって突如延期された。同年12月の中央経済工作会議では「独占禁止と資本の無秩序な拡大防止」が強調され、これら巨大プラットフォーム企業へ独占禁止法を厳格に適用するという方針が明らかになった。翌２０２１年4月、アリババは販売キャンペーンに参加する企業に対し、競合他社と取引しないよう求めていたとして、１８２億２８００万元という多額の罰金支払いを命じられた。フードデリバリー大手のメイトゥアン（美団）も同じく、公平な競争を阻害していたとして34億４２００万元の罰金支払いを命じられている。さらには、ＩＴ大手テンセント（騰訊控股有限公司）が主導したゲーム配信企業2社の合併が不認可となった。

その後、規制の対象は、プラットフォーム企業だけではなく、ＩＴ関連の企業全般に広がった。２０２１年7月には、ニューヨーク証券取引所に上場を果たした配車サービス大手のディディ（滴滴出行）が、上場の数日後に政府からアプリの提供の禁止を命じられた。前週には国家安全保障上の理由から、データ管理とスパイ行為について審査対象となっていた。その結果、約1年半にわたりアプリの配布を禁止されることとなり、また、自主的に米国市場での上場を廃止した。

7月24日には「義務教育段階の児童生徒の宿題負担と、学習塾負担の更なる軽減に関する意見」が通達された。営利を目的とした学習塾の活動を規制するもので、成長産業だったオンライン教育企業の多くが廃業もしくは営業規模の縮小に追い込まれた。さらに、8月3日には、新華社系のメディア『経済参考報』がネットゲームを「精神的アヘン」と批判、ゲーム会社も苦境に立たされることになった。一連の規制によってIT企業の株価は暴落、現在もまだ最盛期の株価までには回復していない。

中国政府とITプラットフォーム企業はこれまで蜜月の関係にあり、規制ではなく保護主義で守られる対象となってきた。プラットフォーム・ビジネスは規模の経済が働きやすく、データという資源の利用に関して自然独占をもたらしやすい産業だ。世界的に見てもグーグルやアマゾン、アップルなど米国の巨大プラットフォーム企業による寡占が進み、多くの国では自国のプラットフォーム企業を生み出せずにいる。外資から守るための産業政策なしでは国産プラットフォーム企業の育成は困難だ。

またIT分野でのB2G（ビジネス・トゥ・ガバメント、政府機関向けビジネス）の発展は目覚ましいものがあった。政府は行政効率化、そしてスマート監視カメラやインターネット検閲という監視社会化の進展のためにIT技術を必要としていた。政府に業務を委託された民間企業は代金を得るだけではなく、政府業務を通じて得た各種のビッグデータを活用して製品開発能力を高めることができた。「持ちつ持たれつ」の関係が生じていたわけだ。

では、なぜその親密な関係が破綻したのだろうか。前述のようにプラットフォーム企業をはじめとしたＩＴ産業は規模の経済がモノを言う世界で、「放っておくと際限なく大きくなる」という性格を持っている。中国では国産プラットフォーム企業の育成に成功したが、社会・経済への影響力は肥大化し「目立ちすぎた」存在となった。一般市民からもプラットフォーム企業は庶民を搾取する存在と見られるようになってきた。

アリババグループの摘発に際して、注目されたのが「大数据殺熟《ダーシュージューシャーシュー》」（ビッグデータによる常連客殺し）であった。ビッグデータの活用によって、ある消費者がいくらまでならこの商品を購入するのかを正確に判断できるようになる。大金を出してもその商品を買ってもいいと考えている常連客には高い値段を表示し、いくら出すかわからない一見さんには安い値段を表示する。消費者ごとに値段を変えるパーソナルプライシングが横行していたのではないか、ＩＴ企業の技術力に消費者は食い物にされているのではないか、という不満が高まっていた。最終的に中国政府の調査では「ビッグデータによる常連客殺し」は確認されなかったが、代わりに別名目で制裁金が科されたのはすでに述べたとおりだ。

「悪い大企業」が処罰されたことに喝采した市民もいたことだろう。

ワクチンとしての「共同富裕」

だが、それだけではなく、IT企業への締め付けは「共同富裕」という政府の再分配政策と結びつくことになる。

2021年8月17日の中国共産党中央財経委員会では、「共同富裕」を社会主義の本質的な要求だと位置づけ、巨額の富を築いた個人や企業などが「自発的に」寄付や慈善事業などを通じて社会の平等化を図るという「第三次分配」を提起した[11]。

所得の分配について、資本や土地など、生産要素の平等化を図るのが第一次分配、徴税や財政支出など、政府による再分配が第二次分配とされる。ここまでは先進国でも共通の一般的な経済理論だが、ここに新たに中国独自の「第三次分配」が加えられた格好になる。「共同富裕」の発表を受け、大手IT企業は争うように寄付を行った。例えば、アリババやテンセントは2025年までに1000億元を、貧困問題解決の資金として拠出すると約束した。IT企業規制が続く中での資金拠出は、まるで許しを請うための免罪符を買っているかのようだ。共同富裕に参加すればIT企業規制から免れられるという保証は一切ないとはいえ、企業側には政府に従順な姿勢を見せて許しを請う狙いはあっただろう。

成長産業のIT企業を痛めつけ、富裕層に（半ば強制的に）寄付させる。市場経済とは逆行したかのような取り組みだけに、世界では習近平国家主席は社会主義に復帰し、「文革2・0」を発動しようとしている、といった憶測まで流れた。だが、筆者の見るところ、そのような見方は実態に即していない。供給サイドの効率性向上によって経済成長を実現するという中国政府の姿勢は揺らいでいないからだ。

そもそも、中長期の経済成長指針である「第14次5カ年計画綱要及び2035年までの長期目標綱要」では、民生の充実という文脈で「共同富裕」が提起されてはいたものの、優先順位は低かった。重点は、イノベーションやデジタル社会の推進といった、従来型の「供給サイドの改革」にあることは明らかだった（リサーチ&アドバイザリー部中国調査室、2021）。

つまり、一連の要素市場改革が格差の一層の拡大を伴うことを不可避と見た上で、その批判が政権に向かないよう、ワクチンのような予防的措置として「共同富裕」を前面に打ち出したのではないか、というのが筆者の見方だ。「共同富裕」をワクチンとしてとらえるなら、それは2回、3回と打たれなければならないだろう。それに伴う副反応である、

ＩＴ企業の株価下落や教育産業への潰滅的な打撃なども繰り返されることになる。

ちなみに、アリババやテンセントから巨額の資金を供出させたかのように見える「第三次分配」の実態も、その後の動きを追ったニッセイ基礎研究所の片山ゆきのリポートを読めば、受ける印象は違ってくる（片山、２０２３）。片山によれば、２０２２年11月、広東省広州市慈善会はテンセント基金会、ウィーチャットペイ（微信支付、テンセントの金融決済部門）、ウェイパオ（微保、テンセント傘下の保険代理販売会社）、太平洋保険会社と合同で生活保護受給者、低所得者向けに医療保険を提供する慈善活動キャンペーンを行った。その結果、各社の寄付は２０２２年12月末時点で総額６００万元に達したという。

これは、低所得者向けの医療サービス提供など、本来政府が担うべき業務を、有力な民間ＩＴ企業が「第三次分配」の名目で「請け負う」という構図にほかならない。テンセントなど民間企業にとっても、これは単なる慈善活動ではなく、今後さらに自社のビジネスを広げていくという効果が期待されている。上述の監視システムで見られた、政府と、その業務を請け負う民間ＩＴ企業との「持ちつ持たれつ」の関係が、いわば共同富裕の局面でも繰り返されているわけだ。このことはまた、かつてと同様、中国政府が今後もＩＴ企業との関係を維持しつつ、供給サイドの効率性向上に重点を置いていくという姿勢を変えていないことを示している。

4. なぜ積極財政政策は採用されないのか

中国政府は供給サイドの効率化に偏重し、総需要の拡大には消極的であることは繰り返し述べてきた。だが筆者は、総需要の拡大、そのための積極財政政策は今後の中国経済の回復にとって必要不可欠だと考えている。それはなぜなのか、中国国内ではどのような議論があるのか、今後導入される可能性はあるのか。本節でこれらの点を見ていこう。

積極財政の根拠とは

著名なマクロ経済学者でマサチューセッツ工科大学名誉教授のオリヴィエ・ブランシャールが著した『21世紀の財政政策』は、米国での刊行後、日本でも大きな話題を呼んだ。同書の内容は、「低金利下の財政政策」という原題に端的に示されている。長期停滞に陥った経済、すなわち国債などの「安全利子率」が低水準で推移し、成長率や実質利子率の実効下限をも下回るような経済においては、政府は公債の発行を増加させ、積極的な財政政策を行うことで需要を下支えするべきと主張した（ブランシャール、２０２３）。

この本が日本で話題となった理由として、黒田東彦前日銀総裁が推進した大胆な金融緩和を中心とする一連の経済政策、いわゆるアベノミクスに肯定的な評価を与えていることが挙げられる。アベノミクスまでの日本の経済政策は、基本的に均衡財政主義的な傾向が強かった。その背景には、政府の債務残高が拡大を続け、ＧＤＰの２５０％を超えている現状に対し、これ以上の債務拡大は持続可能ではなく、いずれ財政破綻は免れない、という悲観的な見解をとる経済学者が多かったことがある。それに対してブランシャールは、政府債務の拡大は弱い民間需要を補完するために必要だったことを改めて強調するとともに、アベノミクスによる継続的な金融緩和へのコミットメントは、低い利回りの下での国債発行を可能にし、政府の負担を軽減することで、財政の持続可能性を下支えしたと高く評価したのである。ブランシャールに呼応するかのように、アベノミクスを理論面で支えたいわゆる「リフレ派」の経済学者の主張も変化している。金融政策を通じた期待インフレ率上昇という従来の主張よりも、むしろ財政政策と金融政策の連携を重視する議論を展開するようになっているのだ（飯田、２０２３）。

さて、ブランシャールは、日本だけではなく他の多くの主要国も長期停滞を経験していると指摘し、ＥＵとアメリカのマクロ経済を取りあげたが、中国をはじめとした新興国経済については特に言及していない。しかし筆者は、中国経済は日本経済と状況は大きく異なるが、やはりブランシャールの議論がよくあてはまるケースだと考えている。というのも、第４章で見たように、中国では常に成長率が金利を上回っており、その意味ではブランシャールのいう「低金利＝長期停滞下にある経済」として捉えることができるからだ。

つまり、中国は低金利経済＝長期停滞にありながら、これまでは積極的な財政政策と金融政策の連携というより、むしろ市場における合理的バブルの発生によって消費が下支えされてきた。しかし今や、不動産市況が低迷し、かつての構図は崩れつつある。ならば、今度は積極的に財政支出を行い、消費を支えるべきではないか。ブランシャールの議論を延長すれば、このような示唆が得られるはずだ。

高まる積極財政待望論

中国に積極財政が必要と考えているのは筆者だけではない。このような主張は、中国内外のエコノミストによって盛んに唱えられるようになった。その代表的なものが「中国経済の日本化」に関する議論だろう。

これは、もともとは、今後の中国経済は少子高齢化が進み、拡大する財政赤字とデフレに苦しんだ日本の状況と似てくるのでは、という長期の経済展望に関する議論だった。しかし、一連の不動産市場の低迷を踏まえ、短期的な分析にも「日本化」という概念が用いられるようになっていった。特に注目を集めたのが野村総合研究所主席研究員のリチャード・クーの議論だ。クーが2023年6月に香港で行った講演はインターネットに動画が流出し、100万回以上再生されたという（西村・秦、2023）。

クーは1990年代の日本経済低迷を説明する議論として「バランスシート（貸借対照表）不況」というコンセプトを提示したことで知られている。会計をかじったことがある方ならば、バランスシートはご存知だろう。購入した資産の価格が下落すれば、企業はそれに対応するために負債を減らそうとする。もし、多くの不動産価格が一斉に下落し、多くの企業が同時に負債＝借入を圧縮すると、投資需要が大きく減少し、経済全体が低迷する、というのがバランスシート不況論の骨子である。この議論の正否についてはともかくとして、不動産価格の下落の影響が中国経済全体に波及していくというイメージは、多くの中国人が腹落ちしたのではないか。

注意が必要なのは、バランスシート不況論はあくまでもマクロレベルにおける景気後退を説明する理論だ、という点だ。企業部門が負債を圧縮したとしても、そのぶん政府部門が負債を増やせば、経済全体が需要不足に陥ることは避けられる。すなわち、バランスシート不況の懸念がある場合には政府がどんどん国債を発行して積極財政を行うべし、というのがクーによる景気回復のための処方箋となる。実際に中国国内でも、一部の経済学者は積極財政の必要性を訴えている。そもそも、多くの地方政府で財政が逼迫している現状でも中央財政が十分な財政支出を行わず、相変わらず地方政府に過度な負担を押し付けていることこそが経済低迷が長期化する原因だと、構造的な問題を指摘する声もある。

中国社会科学院金融研究所の報告書『中国マクロ金融分析』はその代表格だ。報告書では、2023年の財政赤字を1兆3000億元以上に拡大し、その資金は家計や中小企業への補助金給付にあて、また一部地方政府の債務を国債に置き換えることを提言した（中国社会科学院金融研究所宏観金融分析団隊、2023）。

また中国人民大学教授の賈元良《ジアユエンリヤン》も、現在、GDP比3％以内に抑えることが望ましいとされている財政赤字を、今後はGDP比5％以上の水準まで（政府は）引き上げ、10年間それを維持すべきだと主張している。[12] 同氏は均衡財政を批判し、積極財政を主張するMMT（現代貨幣理論）の推進派として知られる。

彼によれば、中国経済の問題点は国民の所得水準が相対的に低く、生産性の高い製造業部門で生産された製品を十分に消費できないことにある。この課題は中央政府の財政支出（および赤字比率）を大幅に引き上げ、住民の所得を引き上げることで解決できる。こうした主張はＥＶ（電気自動車）に代表される、製造業の生産能力過剰とそれがもたらす先進国との貿易摩擦を解消する上でも示唆に富んでおり、次章において改めて詳しく論じたい。

財政と金融の協調は行われるのか

ブランシャールが説く財政政策と金融政策の連携は、今や中国でも多くの研究者が賛同するところだ。しかし、改革を訴える声の高まりとは裏腹に、現実の財政・金融政策間の連携は必ずしもうまくいっていない。

インド工科大学ボンベイ校のソナリ・ダスと、カナダ銀行シニア・エコノミストのウェンティン・ソンは、２０１３年から２０２０年までの中国政策文書から、金融政策が財政政策と協調しているかどうかを分析した（Das＝Song, 2023）。その結果、金融緩和が行われていた時期のうち、42％の期間で財政政策は緊縮傾向であったことが明らかとなった。金融は景気拡大のために緩和しているのに、財政は引き締めというチグハグな状態が相当多かったことを示している。

コロナ禍以降の経済政策を見ても同様だ。コロナ禍初期には迅速かつ大胆な金融緩和が行われた一方で、個人や企業を救済するための財政出動については積極的ではなかった。2023年後半になると、10月に1兆元規模の特別国債の増発（23年と24年にそれぞれ5000億元ずつ発行）を決定し、財政赤字の対GDP比も3・8％まで拡大することを容認するなど、政府は景気対策のために財政政策をやや積極的なスタンスに転換したが、今度は金融緩和について消極的な姿勢が目立つようになった。

中国経済の先行きについては悲観派、楽観派双方の意見があるが、中国の金利がまだ高く金融緩和の余地が残されていることは、楽観派の有力な材料となってきた。しかし、景気後退が深刻化する中でも政府は金融緩和に消極的な姿勢を崩していない。有効な手段があるのにそれを使わぬまま景気の悪化を許してしまっていると、楽観派をやきもきさせている。

政府が金融緩和に消極的にならざるを得ない理由として、以下の二つを挙げることができる。第一に、米国が高金利を続けている状況下で金利を下げれば、ドル高人民元安の強い圧力がかかりかねない。元安トレンドが強まれば、輸出が増えるというメリットもある一方で、それ以上に中国から資産を海外に移すキャピタルフライトが懸念される。

第二に金融機関への配慮だ。中国の金利は銀行の利鞘、すなわち預金金利と貸出金利の差が大きくなるよう設定されてきた。それによって金融機関は安定した利益を得ることができた。企業の破綻や融資プラットフォームのトラブルなどが起きた時、銀行が損失をかぶる形で決着が図られることが多いが、それも平常時には高い利益をあげているからこそできることである。緩和によって金利を下げれば、銀行の利益が減少し、トラブルにおいても銀行を都合良く使うことが困難になってしまう。

いずれにせよ、金融政策と財政政策の連携がうまくいかず、片方がもう片方の足を引っ張るチグハグな状況では、経済を回復基調に乗せるのは困難だ。

第６章の小括

本章の論点を改めて提示しておこう。

・不動産危機が地方政府の財源不足につながった。
・地方政府の土地財政依存は景気後退期には均衡財政につながりやすい。
・中央政府も竹中平蔵的改革の成功例に囚われ、均衡財政を偏重している。
・中国経済の回復には積極財政への転換が必要だが、現時点でそのきざしは見られない。

不動産市場の低迷と地方政府の債務問題という、中国経済の二大課題をソフトランディングさせる方策は、積極的な財政・金融政策によって当面の経済成長率を維持しつつ、稼いだ時間で社会保障制度の拡充と整備を行うことだと考えられる。第4章で詳述したように、これまでは合理的バブルが社会保障の代替を果たしてきた側面がある。今後はそれが期待できない以上、正規の社会保障を充実させる必要があるわけだ。それができなければ、深刻な社会不安を招くことになるだろう。

こうした施策を採るためには実質的な財政連邦主義、すなわち社会保障の提供から景気対策に至るまで、多くを地方政府に「丸投げ」してきた現行の財政制度を根本的に見直すことが不可欠になるだろう。現下の地方財政の苦境は、中国経済が抱えるこの難問を浮き彫りにしている。

（１）于海栄・程思煒・張宇哲「融資平台化債潮」『財新周刊』２０２３年5月22日
（２）程思煒「審計報告：70個地区通過自売自買国有資産、虚構土地交易等虚増財政収入」『財新網』２０２３年6月26日
（３）Wong, Chun Han. "Travel by Bike, Bring Your Own Cup: China Imposes a Frugal Life on Public Servants." *The Wall Street Journal*, April 25, 2024.
（４）「中国の複数都市が公共料金値上げ、デフレ圧力緩和も家計に打撃」『ロイター』２０２４年5月15日
（５）"China Hands Firms Decades-Old Tax Bills, Hinting at Funding Woes." *Bloomberg News*, June 17, 2024.
（６）岡崎英遠「中国の地方財政は罰金頼み？　税収の３割占める街に不満『悪循環だ』」『毎日新聞』２０２４年7月15日
（７）王力為「前財相竹中平蔵：打破日本発展的〝舒適圏〟」『財新網』２０１８年11月15日
（８）「中共中央関于制定国民経済和社会発展第十四箇五年規劃和２０３５年遠景目標的建議」２０２０年10月29日
（９）「中共中央国務院関于構建更加完善的要素市場化配置体制机制的意見」２０２０年3月30日
（10）「国務院弁公庁関于印発要素市場化配置総合改革試点総体方案的通知」『中華人民共和国中央人民

政府網』2022年1月6日

(11)「習近平主持召関中央財経委員会第十次会議強調　在高質量発展中促進共同富裕　統籌做好重大金融風険防范化解工作　李克強汪洋王滬寧韓正出席」『新華網』2021年8月17日

(12)「中国はGDP比5%超の財政赤字容認を、MMT推進派の学者が提言」Bloomberg, 2023年11月19日

第7章　「殺到する中華ＥＶ」は中国経済を救うのか

「チャイナショック2・0」「中国のデフレ輸出」「過剰生産能力」といったワードが象徴するように、中国による〝安売り輸出攻勢〟が世界的な注目を集めている。

「チャイナショック」とはもともと、中国のWTO（世界貿易機関）加盟前後である1990年代末から21世紀初頭にかけて、中国からの労働集約的な工業製品の輸入が急増し、米国内における雇用を減少させたことを指す言葉だった。これは、マサチューセッツ工科大学教授のデヴィッド・オーターらの研究によって広く知られるようになる。鉄鋼やガラスなどの原材料、衣料品、電化製品（の組み立て）など付加価値が低い製品が輸出の中心だったが、特にその衝撃を受けたミシガン州やペンシルベニア州はラストベルト（さびついた工業地帯）と呼ばれ、格差の拡大と政治的分断につながった。米国では200万人の失業をもたらしたとの推計もある。

ただ、この「チャイナショック1・0」は悪いことばかりではなかった。低付加価値の商品では競争に負けても、高付加価値の商品を中国に売れば、差し引きでプラスになるとの評価もあったからだ。一方で、現在におけるいわゆる「チャイナショック2・0」は、これまでの競争とは様相が異なっている。高付加価値のEV（電気自動車）、車載バッテリーに用いるリチウムイオン電池、太陽光パネルからなる「新三様」（新三大輸出製品の意。

老三様＝旧三大輸出製品はアパレル、家具、家電）の輸出が劇的な成長を続けているためだ。ＥＶと車載バッテリーは約60％、太陽光パネルでは80％超と、中国企業は高い世界シェアを握っている。未来の巨大産業であるグリーンテック（環境技術）を中国勢に独占されかねないという、欧米各国の危機感は大きい。

「チャイナショック２・０」への対応はすでに始まっている。米バイデン政権は２０２４年5月14日に、中国製ＥＶに、当時の4倍に当たる１００％の制裁関税を課すと発表した。またＥＵの執行機関である欧州委員会も、同年7月5日から、中国から輸入されるＥＶに対し、暫定的に追加関税を適用することを決定した。

一方、ＷＴＯのルールでは、政府または公的機関の支援によって輸出や国内製品の販売を有利にする輸出補助金は禁じられているが、産業政策のための補助金自体は認められている。中国政府の企業支援は国有銀行や国有企業、あるいは政府が一部出資した機関投資家を通じたものが多い。これがＷＴＯルールに違反しているかが過去にも争われてきたが、必ずしも中国に不利な判断が出ているわけではない。

中国の輸出攻勢にもっとも批判的な米国であっても、貿易面での対中交渉の最前線に立つジャネット・イエレン財務長官の物言いは慎重だ。

同長官は2024年4月に広東省広州市と北京市を訪問、中国側要人と会談した。一連の交流を通じてイエレン長官は中国の生産能力過剰問題について率直な懸念を表明したといわれる。ただ、それは中国のルール違反を声高に責め立てるものではなかった。生産能力過剰問題は米中対立をきっかけとして生じた短期的な課題として捉えるのではなく、貯蓄率が高く消費が低迷しがちという中国の構造的な問題と考え、中国のためにも解決すべき中長期的な課題だと説得した。

ＥＶや太陽光パネルなどグリーンテックの輸出攻勢は、一見すると中国経済の「光」の部分であり、ここまで述べてきたような「影」の部分とは対極に位置するように思われるかもしれない。しかし、イエレン長官が指摘するとおり、この光と影は中国経済の宿痾である「投資および供給能力の過剰」が異なる形で現れたものにほかならない。

本章では主にＥＶをテーマとして取りあげ、その輸出は本当に国家の支援がもたらしたものなのか、米国やＥＵとの間にどのような摩擦を生じさせるのか、不動産市場に代表される需要不足の問題とどのように関連しているのかを考えていきたい。

1．顕在化する生産能力過剰問題

「新しい質の生産力」とは

例年3月に開催される全人代において、中国政府はこの1年の経済成長目標（実質）と重要政策を発表する。2024年の全人代で、李強《リーチャン》首相は人々の経済減速に対する不安を打ち消すように、同年の成長率目標を前年と同水準の5％前後とした。同時に、財政赤字をＧＤＰ比3％に保つことも発表された。政府支出の拡大を禁じ手とする均衡財政主義の原則は維持されたのだ。

成長実現のための重点対策として、筆頭にあげられたのが現代的な産業体系の構築と「新しい質の生産力」の発展加速である。「新しい質の生産力」とは、習近平国家主席が2023年9月に初めて言及した言葉で、伝統的な経済成長方式とは異なる、ハイテクで高効率かつ高品質な先進的生産力を指すとされる。ただ、あまりに抽象的な用語であり、その内容についてはあいまいな点が多い。

前章では2014年から始まった「供給サイドの改革」について取りあげた。この改革もつまるところは、非効率な産業からハイテクな産業へと土地、人間、資金を移動させる、イノベーション重視の政策である。翌2015年には海外でもよく知られた産業政策「中国製造2025」も発表された。「中国独自ブランドの産業用ロボットの国内シェアを70%にする」など国産製品利用の数値目標を定めたことで、米国による警戒の対象となり、公の舞台から姿を消したいわくつきの政策だが、同政策は「供給サイドの改革」と通底し、「イノベーション駆動型の経済成長」を象徴するものである。

一方、目下の経済危機に対するもっとも直接的な対応である国内需要の拡大は、重点対策の3番目と前年よりも順位が低い。需要拡大、景気対策よりもイノベーションという習近平国家主席の戦略は、経済危機の最中にあってもまったく変わらない。いや、以前よりも強まった感がある。

イノベーションを重視するのは良いことには違いない。ただ、高付加価値な製品が作れるという供給サイドの問題ばかり改善されても、購入者不足という需要サイドの問題が解決しなければ経済成長にはつながらない。「新三様」にも、すぐに供給能力が需要を上回る生産能力過剰が見られるようになった。

例えば、生産能力過剰を推計する指標である、工業生産能力稼働率は下落を続けている。

経済誌『財新周刊』の報道によると、中国製造業全体では２０２３年には75・１％と前年から０・５ポイント低下し、２０２４年第１四半期には73・６％とさらに悪化したという(1)。新興産業は成長著しいにもかかわらず、生産能力過剰はレガシー産業以上に深刻だ。例えばリチウムイオン電池の工業生産能力稼働率は50％前後、太陽光パネルにいたっては世界需要の２・５倍の供給能力を持つといわれ、自国だけではとても使い切れない能力を抱えていることになる。

ＥＶシフトが進む自動車産業の状況も深刻だ。上述の『財新周刊』は、自動車メーカー全体の稼働率が２０１７年の62％から２０２３年には48％にまで低下したという、大手部品メーカーの調査結果を伝えている。企業別で見ても、稼働率が60％を超えているのは20社のみ。逆に30％以下は36社に達する。

日産自動車は２０２４年６月、江蘇省常州市の工場の閉鎖を発表、ホンダは２０２４年８月に一部工場をストップさせる生産調整を行い、希望退職も募集した。こうした動きは中国自動車市場における日系自動車メーカーの敗北として伝えられることが多いが、苦しいのは日系だけではない。自動車産業全体の生産能力過剰が問題で、ドイツ系や米国系、そして中国系もみな苦戦している。この供給過剰を中国国内市場のみで消化することはできない。かくして輸出ラッシュが起き、世界から脅威と受け止められているわけだ。

工業生産能力稼働率から見れば、中国の製造業、とりわけ新三様の生産能力過剰は明らかだが、今すぐに対応すべき問題かどうか、判断は容易ではない。中国商務部の何亜東《フーヤンドン》報道官は2024年5月16日の記者会見で、「新エネルギー産業は急速な成長の段階にあり、生産能力は過剰どころか不足している」と真っ向から反論して見せた。また東京大学教授の丸川知雄は、2030年のEV販売台数は控えめな推計でも3・3倍に拡大するとの国際エネルギー機関（IEA）の推計、太陽光発電設備の新規需要も2030年には2倍以上になるとのBloombergNEFの予測を紹介し、「もしそうなれば中国の現状の生産能力では過剰どころか若干不足ということになる」と指摘している（丸川、2024）。脱炭素が世界各国の公約となっていることを考えれば、グリーンテックの需要は天井知らず。足元の需要だけ見れば生産能力過剰に見えても、長期的に見ればまだまだ足りないのだ……という反論にも一理ある。

ともあれ、少なくとも目下の世界需要と比較すれば、中国グリーンテックの供給能力は設備稼働率の面から見ても、きわめて過大であることは間違いない。次節以降では主にEVを対象として、中国がなぜここまで生産能力を拡大し得たのかを見ていきたい。

2．中国ＥＶ、２０２１年の革命とその理由

「ＥＶの墓場」が持つ意味

「ＥＶの墓場」をご存知だろうか。日本メディアでもたびたび取りあげられているため、一度は写真を見たことがある方が多いのではないか。空き地に数千台ものＥＶが野ざらしにされているという衝撃的な光景である。エコのために普及すべきとされているＥＶが実は膨大な無駄につながっている、これがＥＶ大国と言われる中国の実情だ、などと言及されている。しかし、本書では違った視点からこの「ＥＶの墓場」を取りあげる。すなわち、この膨大な屍こそが世界をリードする中国のＥＶ産業を作り上げたのだ、と。

ＩＥＡのリポート「グローバルＥＶアウトルック２０２４」によると、世界のＥＶ（電気自動車とプラグイン・ハイブリッド車）販売台数は２０２３年に１３８０万台に達した。このうち60％が中国で販売されている。25％の欧州、10％の米国を圧倒的に引き離しての

トップである。

中国はいつの間にこれほどのＥＶ大国となったのだろうか？　中国政府は２０１０年からＮＥＶ（新エネルギー車。電気自動車、プラグイン・ハイブリッド車、燃料電池車の総称）振興政策を本格的にスタートさせ、車両購買補助金を導入した。当初は1台あたり80万円程度とかなりの金額だった。２０１４年からは車両購入税の免除政策も始まっているが、こちらは車両価格のほぼ1割に相当する。また、２０１６年ごろからは一部都市でナンバープレート取得優遇措置も導入された。上海市や北京市などの大都市では渋滞対策としてマイカーの購入が制限されている。北京市ではナンバープレートは抽選制、上海市ではオークション制など都市ごとに違いはあるが、新たに街中に出回る車の数を制限するものだ。上海市のナンバープレート・オークション落札価格は近年、８万元（約１６０万円）を超えている。ＮＥＶならこれが無料でもらえるのだからかなりのメリットだ。

なるほど、これだけの手厚い補助があればＥＶが売れるのも当然……というのは勘違いだ。支援政策が始まってから10年、中国のＥＶはさっぱり売れなかった。もちろんゼロではないが、タクシー会社はＥＶ利用を義務付けられてやむをえず、一般消費者はナンバープレートを手に入れられなくて「仕方なく」買ったというケースがほとんど。筆者（高

ＥＶの墓場（写真：アフロ）

口）は中国でＥＶタクシーに乗るたび、運転手に使い勝手について質問したが、航続距離が短い、充電している間は仕事ができない、充電ステーションは故障だらけでその場に行かないと本当に使えるかわからない、とネガティブな話ばかりだった。

２０１５年ごろには大規模な購買補助金詐欺も摘発されている。ＥＶが売れたことにして補助金をせしめるという悪質なものだった。２０２０年までにＥＶに拠出された購買補助金は４８９億ドル（約６兆９０００億円）に上る。たんなる税金の浪費であり、補助金を撤回するべきという声は高まっていった。中国政府はＥＶ支援を撤回することこそなかったものの、購買補助金の支給額は次第に引き下げており、ＥＶ産業全体がもはや風前の灯火とも噂されていた。

象徴的な存在が中国版テスラと言われるニオ（ＮＩＯ、蔚来汽車）だ。２０１８年９月にニューヨーク証券取引所（ＮＹＳＥ）に上場したが、その直後から株価は低迷。巨額の赤字に加え、将来の利益の見通しが立たないと投資家に嫌われた。2020年初頭には倒産の危機に見舞われていたが、安徽省合肥市の政府系投資ファンドからの出資でどうにか生きながらえる。ある中国ベンチャーキャピタルの関係者によると、ニオは日本のベンチャーキャピタルを含め多くの機関投資家に支援を打診したが、ほとんど断られたという。

ところが2021年からこの状況が一気に変わる。それまで100万台強で停滞していたNEV販売台数が爆発的に伸び始めたのだ。2021年は352万台、2022年は689万台、2023年は959万台と年に約300万台ずつ伸びている。全自動車販売台数に占めるNEVの比率は2023年時点で30%を突破。2024年7月には50%超えを果たした。合肥市によるニオへの投資の評価も一変、「地方政府がリスクを取って投資し、ハイテク企業を地元に誘致する」合肥モデルを見習うべきとの風潮が広がった。

EV普及、本当の理由

いったい、何が起きたのだろうか。このEV急成長のタイミングはちょうどコロナ禍まっただ中で、筆者も中国を現地調査することができなかったが、2023年の中国訪問でこの疑問は氷解することになる。

「ガソリン車？　買うのはバカでしょ。だってＥＶのほうが安いもの。燃費（電費）はざっとガソリン車の５分の１ぐらい」

北京市のライドシェア・ドライバーになぜＥＶを買ったのかと聞くと、こんな答えが返ってきた。寒い北京の冬では航続距離が落ちるのでは、充電している間は仕事ができないのでは、自宅充電は安いが外部の充電ステーションは高いのでは……と、ＥＶがほとんど普及していない国・日本で得た耳学問の疑問をぶつけると、「カタログスペックで５００キロ、冬は半分ぐらいになるけどそれでも十分だろう。30分の高速充電でかなり走れるから休憩にはちょうど良い。充電ステーションの正規料金は確かに高いが、地方政府や自動車メーカーの補助があるからガソリンよりは明らかに安い」ときっぱり。

それでもＥＶは車両価格が高いのではと食い下がると、それも違うらしい。前述の「グローバルＥＶアウトルック２０２４」によると、中国のＥＶ価格は２０１８年時点では内燃車よりも16％高かったが、その後コストダウンが進み、２０２２年時点で同クラスの内燃車よりも14％安くなっている。クラス別に見ると、中型車で29％、ＳＵＶで10％内燃車より高いが、価格差はかなり縮まっている。何より驚異的なのは小型車だ。２０１８年時点では71％割高だったのに対し、2022年時点では37％の割安になっている。

これはある意味では、第5章で紹介した消費ダウングレードが、自動車産業にも及んでいると見ることができそうだ。2023年の国内販売台数は前年比6％増の2518万台を記録した。一方、売上の伸びは5・9％増とわずかに少ない。つまり、自動車の単価が下がっているわけだ。この傾向は2024年になるとより鮮明なものとなる。1～7月期の販売台数は0・3％減少、売上は1・7％減。単純計算すると、1台あたりの価格は1・4％下がっていることになる。

価格低下が続く中、2024年には「油電同価《ヨウディエントンチア》」（内燃車とEVが同価格）、さらには「電比油低《ディエンビーヨウディー》」（内燃車よりEVのほうが安い）が広告コピーに使われるようになっている。

しかし、自動車にかかるコストは燃費と車体価格だけでは評価できない。修理費用を考えると、EVにはバッテリーという、製造コストの20～30％に相当する高額な部品があることがネックとなる。故障や経年劣化での交換は高額だ。劣化によって年々航続距離が落ちていくのはあまり楽しい話ではない。何より中古で売却する時に価格が落ちてしまうのではないかという不安もある。また、修理費の高さから自動車保険も高い。

購入後の費用を見ると、燃料代（電気代）とメンテナンス費用はEVが安く、修理費と自動車保険はＥＶが高い。付け加えると、残価率（新車と比べた場合の中古車の売却価格比率）ではＥＶの分が悪い。俗にバッテリーが劣化するためと言われるが、より高性能な新車がもっと安く売られるようになるので、旧車の価値が落ちるという要因が大きい。だが結局、車両価格、燃費、保険、メンテナンス費用などを全部ひっくるめて判断すると、ＥＶのほうがお得感があるというのが共通認識のようだ。

もちろん、人によって車へのこだわりは違うが、「なぜ中国でＥＶが売れるのか？」という問いの答えは「安いから」という経済合理性で説明がつく。

人民のモビリティ・スクーター

安いＥＶの代表格として世界を騒がせたのが、宏光《ホングワン》MINI EVだ。上汽通用五菱汽車というメーカーが製造する小型ＥＶである。２０２０年夏に発売されると、３万元（約60万円）を切る低価格と、価格以上の品質というコストパフォーマンスの高さが評価され、爆発的な人気となった。最速時速は１００キロほど。航続距離は公称１７０キロだが、エアコンをつけたり坂道を走ったりすればカタログスペックの６割程度しか走れない。なんともチープだ。

一見すると、「安かろう悪かろう」の産物にも見える。だが、実は狙い澄ましたマーケティングのたまものだ。キャッチコピーは「人民的代歩車」（人民のモビリティ・スクーター）。代歩車《ダイプーチャー》とは高齢者や障害者向けの大型電動車いすを指す。近場の通勤や子どもの送り迎え、買い物といった日常用途にフォーカスし、必要十分な性能に抑えることで衝撃的な低価格を実現した。

設計面でも割り切りが目立つ。モーターはあえて最大出力の70％程度しか出さないようになっている。そうして発熱を抑えたことによって、シンプルで安価な冷却装置を採用できた。エアコンはたいして冷えないが電力消費を少なくする。既存の自動車部品を多数流用することでコストを抑える。バッテリーを長持ちさせる回生ブレーキや高速充電は採用しない。

こうした工夫を積み重ねることで、消費者が求める〝ちょうど良い〟車を低価格で実現したわけだ。中国ではドイツの自動車区分にならい、乗用車は小さいサイズからA00級、A0級、A級、B級……と分類されている。宏光MINI EVが属するA00級はホイールベース（前輪車軸と後輪車軸の間の距離）が2〜2・2メートル。ガソリン車だとミニクーパーやフィアット500と同じカテゴリとなる。実はこのA00級EVは中国EV販売急拡大の立役者とも言える。２０２１年の販売台数は１２０万台を突破し、ＥＶ販売台数に占めるシェアは19年の27％から20年には33％に、そして21年には36％へと上昇している。

　バッテリーはガソリンと比べてエネルギー密度が低い。ＥＶがガソリン車と同等の航続距離を実現するには重たいバッテリーを大量に積まなければならない。逆に航続距離が短くていいのであれば、バッテリーを軽くできるため、コストパフォーマンスは上がる。老人が使う電動車いすを大きくしたような製品があれば使い勝手がいいのでは、という発想はＥＶの技術特性にはぴったりだ。

宏光 MINI EV のコンセプトカー、2021 年の上海モーターショーで（写真：CFoto／時事通信フォト）

年１００万台生まれる非合法自動車

　実は、「代歩車を発展させたＥＶ」というアイデアには前身がある。それが低速四輪電動車（低速ＥＶ）だ（高口、２０２２）。見た目は小型自動車の形をしているが、安全性などの規格を満たしていないため法的には自動車ではなく、電動カートや電動車いすという名目で製造されている。自動車と違って免許も不要だ。つまりは見た目と機能は小型自動車だが、法的には自動車ではない。非合法の代物なのだが、最盛期には年100万台が製造されていたというのだから驚きだ。中国のほとんどの地域では規制されているが、山東省や河北省、河南省、江蘇省、福建省などの農村部、北京市の郊外など一部の地域だけで黙認されていた。

低速EVの歴史はかなり古い。中国ではもともと、2000年代中盤から電動自転車産業が大きく成長してきた。電動自転車と言っても、足でこがなくても自走できる、実質的には電動バイクのことを指す。この電動自転車市場が拡大する過程で、より多くの荷物が運べるように電動三輪が作られるようになり、さらにもっと安定した走行ができるようにタイヤを一つ足して、低速EVが誕生することとなった。

年100万台も非合法自動車を作っているとなると、とんでもない話だが、電動モビリティという視点でとらえなおすと、驚くような数字ではない。中国の電動バイクは年1000万台、電動自転車は3000万台、電動三輪は1000万台という巨大市場を構成している。フードデリバリーや宅配便、荷物の運送などの都市内物流において、電動二輪、電動三輪はもはや欠かせない存在だ。それにタイヤを一つ二つ付け足すだけで安定性や快適性を大幅に向上できる低速ＥＶは、むしろあって当然の存在と言えるかもしれない。

筆者は２０１８年8月に山東省で開催された第7回山東省国際省エネ・新エネルギー車展示会を訪れた。会場に入ると、驚きの光景が広がっていた。済南市最大の国際展示場が、おもちゃのような低速ＥＶで埋め尽くされていたのだ。ジープを模倣した車もあれば、ハローキティやミッキーマウスなど海外のキャラクターをおそらく無断で車体に描いた車もある。

山東省の低速 EV 展示会

出展メーカーは多いが、製品の見た目は似たり寄ったりだ。理由はすぐにわかった。会場では完成車メーカーだけではなく、部品サプライヤーも出展していたが、その中にボディを提供する企業があった。同じシャーシを複数のメーカーが採用しているのだから、まったく同じフォルムになるのも当然だ。まるで玩具のミニ四駆のようで、モーターとバッテリー、タイヤがついたシャーシの上に、適当なボディを載せれば、それだけで製品ができあがる。外見は別の車でも土台は同じという低速ＥＶ

がいくらでも作れる。他にも塗装やモーター、電池、ブレーキ、シャフト、エアコンなど、ありとあらゆる部品メーカーが出展している。会場を一周して部品を集めれば、低速ＥＶを1台完成させることができるだろう。

これだけの産業規模に発展した以上、さまざまな技術革新も進んでいた。低速ＥＶでは通常、鉛蓄電池が使われるが、雨水による故障が多い。そうした弱点を克服すべく、電解質溶液をゲル化させたコロイドバッテリーが新製品として展示されていた。

電動自転車、電動三輪、低速ＥＶ、宏光MINI EV、そして現在——。並べて見ると、中国の電動モビリティは小さなものから大きなものへと発展している。ＥＶという視点だけで見ると、あたかも２０２１年にいきなり市場が立ち上がったかに思えるが、電動モビリティという視点で見ると、着実にマーケットを拡大し、より大きなものがより安く買える技術革新が進んできたのである。

この技術革新を支えたメカニズムについて、次節で詳述したい。

3．需要を拡大する産業政策と「殺到する経済」

突出する中国の産業政策

本章冒頭で述べたように、新興産業を中心とした中国の生産能力過剰を、欧米各国は厳しく批判している。その背景には、近年の中国政府が、なりふりかまわぬ産業政策を実施し、その結果として「不正に」急速な生産拡大をもたらしているという共通認識がある。ＥＶ産業に対する産業政策がその典型的な事例であることは言うまでもない。

では、中国の産業政策は他国と比べてどれほど突出しているのだろうか。米ＣＳＩＳ（戦略国際問題研究所）のリポートがわかりやすく分析している（DiPippo et al., 2022）。対象は「ブラジル、中国、フランス、ドイツ、日本、韓国、台湾、米国」の八つの国と地域。それぞれが「直接補助金、研究開発税控除、研究開発補助金、その他の税優遇、低金利貸付、政府系投資基金、中国固有の政策」という産業政策にどれだけの資金を投入しているのかを、対ＧＤＰ比で示したものが表7‐1だ。

まず補助金の総額だが、市場金利を下回る信用供与、政府引導基金を通じた融資、国有企業の純債務拡大といった、「中国固有の政策」を除いた推計においても、中国の数字は

表 7-1　主要国における各種補助金の対 GDP 比（2019 年）

	ブラジル	中国	フランス	ドイツ	日本	韓国	台湾	米国
直接補助金	0.07%	0.38%	0.01%	0.05%	0.10%	0.05%	0.00%	0.01%
研究開発税控除	0.05%	0.07%	0.28%	0.00%	0.10%	0.12%	0.20%	0.12%
研究開発補助金	0.01%	0.07%	0.19%	0.10%	0.07%	0.18%	0.02%	0.15%
その他の税優遇	0.13%	0.38%	0.02%	0.12%	0.00%	0.16%	0.07%	0.11%
低金利貸付	0.07%	0.52%	0.04%	0.13%	0.22%	0.12%	0.01%	0.00%
政府系投資基金	0.00%	0.07%	0.00%	0.00%	0.02%	0.04%	0.10%	0.00%
中国固有の政策	0.00%	0.25%	0.00%	0.00%	0.00%	0.00%	0.00%	0.00%
合計	0.33%	1.73%	0.55%	0.41%	0.50%	0.67%	0.41%	0.39%

出所：DiPippo et al.（2022）

GDP比で1・48%と頭一つ飛び抜けている。2位の韓国が0・67%なので、2・2倍もの差をつけていることになる。項目別に見ると、低金利貸付が0・52%と最多で、これだけで他国の補助金全体に匹敵する金額である。その後に直接補助金、その他の税優遇が続く。他の国・地域と比較すると、税優遇はどの国でも使われがちな補助金項目だが、直接補助金は一様に少なく、これも中国が突出していることがわかる。

比率こそ少ないものの、政府系投資基金にも注目したい。中国では2010年代前半から米シリコンバレー式のベンチャーキャピタルが流行した。ユニコーン企業（評価額10億ドル以上の未上場企業）の数で、中国は米国に次ぐ世界2位を誇るが、ベンチャーマネーが新たな企業の育成を支えていた。もっとも中国のベンチャーキャピタルは2017年をピークに規模を減少させている。そして、民間投資の衰退を補うように発展したのが政府引導基金などの政府系投資基金である。政府系投資基金は政府が拠出した資金にプラスして、金融機関や国有企業も出資するスキームが一般的だ。政府の出資額をはるかに超える金額を運用できる仕組みであること、ＥＶをはじめとする新興産業にも出資しやすいことから、地方政府を含む中国政府が注力しているといわれる。政府引導基金の中では、半導体産業を支援する国家集成電路産業投資基金（通称「大基金」）が有名だ。その募集規模は２０１４年に始まった第１期が約１４００億元、２０１９年に始まった２期が２０４０億元、２０２３年に始まった３期が３４４０億元と巨額に上っている。

前述の補助金は産業全体を対象としたものだが、対象をＥＶ関連の補助金に限定すると、どのような状況が見えてくるだろうか。ワシントン国際貿易協会（ＷＩＴＡ）は、中国では２０１９年時点で少なくとも２２１０億ユーロ（約２４８０億ドル）が、ＥＶへの補助金として投じられたと推計している。これは、対ＧＤＰ比で１・73％、経済協力開発機構（ＯＥＣＤ）主要国と比べると3～4倍という高水準にある。また、ＣＳＩＳのスコット・ケネディによるリポート（表7-2）によれば、２００９年から２０２３年までの中国政府によるＥＶ関連の財政支援は累計で２３０９億ドルに上る。

表 7-2　EV に関する中国政府の補助金（単位：10 億ドル）

	2009-2017	2018	2019	2020	2021	2022	2023	合計
購買補助金	37.8	4.3	3.3	3.5	7.4	9.2	0	65.7
税減免	10.8	7.7	6.4	6.6	16.4	30.3	39.6	117.7
インフラ整備補助	2.3	0.2	0.2	0.3	0.3	0.6	0.6	4.5
研究開発費	2	3.6	3.4	3.5	4.3	3.9	4.3	25
政府調達	7.8	1.6	1.4	2.9	1.7	1.8	0.8	18
合計	60.7	17.4	14.8	16.8	30.1	45.8	45.3	230.9
補助金総額／総売上	42.4%	22.7%	23.3%	25.4%	18.3%	15.1%	11.4%	18.8%
1台あたりの補助金額（ドル）		13860	12311	12294	8538	6656	4588	

出所：Scott Kennedy. "The Chinese EV Dilemma: Subsidized Yet Striking." *CSIS Blog*, June 20, 2024.（https://www.csis.org/blogs/trustee-china-hand/chinese-ev-dilemma-subsidized-yet-striking）

注：購買補助金の推計は、対象車両に対する公表された税率に基づいており、販売された EV の 25% が対象外であったと仮定している。2023 年より前の購買補助金の推計は、地方政府の支援が中央政府の支援の 15% に相当すると仮定している。消費税免除額は、対象となる NEV の 10% 免税を使用して計算されている。インフラ整備補助金の推計は、科学技術省から提供された資金額に基づいている。研究開発費の試算は、政府出資の研究開発統計を使用し、自動車研究開発費の 90% が NEV に使われたと仮定している。政府調達の試算は、政府による自動車調達の 50% が NEV に充てられたと仮定している。商用車と乗用車の平均価格は、それぞれ 120 万元と 25 万元と仮定している。年間の通貨換算は OECD の為替データを使用した。

表7-2に示されたのは直接的な補助金並びに税減免措置だが、これに加えて市場価格より安価での土地や電気・水道などのライフラインの提供、低金利の融資、さらには政府系ベンチャーファンドによる出資といった手段が存在している。企業支援の主体も中央政府だけではなく、省政府や市政府、さらにはもっと下級の区や鎮な

どの自治体が動いていることもあれば、国有企業や銀行が支援するケースもある。WITAの約2480億ドルという推計には「少なくとも」と注釈がなされていたが、実際にEVへの補助金として回された金額は、これよりもはるかに多いと見ていいだろう。

以上を踏まえると多くの人が、やはり中国製EVの安さは公正ではない保護政策によってもたらされた、という印象を受けるかもしれない。しかし、これらの補助金すべてが〝ルール違反〟とは言いがたい。

表7-2からは、政府がNEVへの援助を始めた2009年から2017年までの年平均の補助金額は約67億4000万ドル程度であったが、2018年から2020年にかけて2倍以上になり、2021年以降はさらに急上昇していることがわかる。その内訳を見ると、販売台数増加に伴う税減免が大半を占めているが、その一方で1台あたりの購買補助金は減少し、2023年には廃止された。売上に占める補助金額の比率や、1台あたりの補助金額も減少トレンドにある。後述するが、これは市場が拡大したために規模の経済が働き、製造コストが低下したため、補助金を次第に必要としなくなった、と解釈すべきだろう。

また、WTOの補助金協定では総額に対する規制はなく、補助金がいかに巨額であってもそのこと自体は協定違反ではない。WTOで禁止されているのは、輸出拡大や国内企業を有利にすることを目的とした、国や公的機関による補助金だが、表7-2に示された項目がそういった国内企業優遇策にあたるかどうかは判断が難しい。少なくとも消費者に対する購買補助金、販売にかかる消費税（日本の物品税にあたる、特定の物品の販売に課せられる税）の免除、さらにはインフラ整備の補助金などは、テスラを始め中国に進出している外資企業も受け取っているものであり、特定の企業をターゲットにしたものというより「市場の拡大」自体を目的とした補助金（後述）と考えられるものである。

政府による優遇政策をめぐって、最前線で中国企業としのぎを削っている、中国進出外資系企業の態度は冷静だ。在中米国企業の団体である中国米国商会の2024年版白書によると、「中国企業と比較して、あなたが所属する業界での外資企業の待遇は？」とのアンケート調査では、「中国企業が優遇されている」との回答が31％、「同等」が60％、「外資企業が優遇されている」が10％という結果となった。同様に在中日本企業の団体である中国日本商会が2024年5月に実施した「会員企業景況・事業環境認識アンケート」の「事業環境の満足度」という設問では「非常に満足」および「満足」が57％、「非常に改善して欲しい」および「改善して欲しい」が43％という結果であった。少なくとも差別的待遇にすべての企業が怒り心頭という状況ではない。

需要拡大型の産業政策

そもそも、特定の産業を補助金などによって援助する産業政策には、どの程度経済学上の優位性があるのか。実は、産業政策の有効性をめぐる経済学の理論は、この30年ほどの間に大きく変化している。

1990年代には、戦後日本の経済成長の要因の一つとして、通産省が主導する産業政策を評価する議論が見られた。特定産業に対する政府の介入を主流派の経済学の枠組みのなかに理論的に位置づけようとする研究も数多く行われていた。日本だけではなく、韓国、台湾など東アジアの成長を支えたとして、こうした産業政策は世界に「輸出」し広めるべきだ、という主張も見られた。世界銀行のリポート『東アジアの奇跡』はその代表的な成果である。

しかし、20世紀末から産業政策は、経済学者から評価されなくなっていく。バブル崩壊後の日本経済低迷で日本型産業政策の評価が下がったこと、さらに1997年のアジア通貨危機により、タイや韓国、インドネシアはIMFの支援を受ける条件として緊縮財政と経済の自由化が課され、産業政策など政府の介入による成長モデルが魅力を失ったことなどが背景にある。

さらに、東西冷戦の終焉から2001年の中国のWTO加盟に至る経済のグローバル化の進行によって、世界中にサプライチェーンを展開する多国籍企業が世界経済を牽引するようになった。こうなると、「国」を単位とした産業政策や通商政策を正当化する議論を展開することは困難だ。経済学者の間でも、投資や生産の決定は多国籍企業を始めとした民間企業に任せ、政府は関税の引き下げや貿易障壁の解消など、企業が自由に競争できるような環境づくりに専念すべきとの議論が主流になっていった。

しかし、2010年ごろから産業政策は再評価されつつある。

2010年から2022年までの産業政策の総数の推移および地域別に見た産業政策の件数を推計した、ブリティッシュコロンビア大学教授のレカ・ユハース、およびハーバード大学教授のダニ・ロドリックらの研究を紹介しよう（Juhász et al., 2023）。彼らは、国際貿易に関するデータベース「グローバル・トレード・アラート（GTA）」から、自然言語処理技術を用いて産業政策を選び出し、その件数をカウントした。その結果、産業政策の件数は2010年にはわずか34件だったが、2013年から徐々に増え始め、202

２年には１５６８件に達した。地域別に見ると、最も多いのは西ヨーロッパおよびＯＥＣＤ諸国で、この地域の産業政策は２０１０年から22年までの累計で１万３５１４件となった。

経済学における産業政策の再評価を牽引してきたウィーン経済経営大学教授のカール・アイギンガーと前述のダニ・ロドリックは、世界的な産業政策復活の背景として、発展途上国における産業構造変化の要請、先進国での長期的な労働市場悪化・金融危機、大きな技術変化があると指摘している（Aiginger＝Rodrik, 2020）。

ただ、産業政策ならばなんでもＯＫという話ではない。多くの先行研究が、個別の産業や国有企業など特定の種類の企業をターゲットとした補助金や優遇策は、生産性において大した効果を上げていないことを明らかにしている。これは、かつての主流派経済学が産業政策を批判したとおり、政府にはこれから成長しそうな産業や企業を選んで、そこに資金を配分する能力が欠けているからだろう。

では、結果的に成功をもたらす、より「望ましい」産業政策の条件とはなんだろうか？

一つには、補助金や優遇策がより競争を促進するように、特定の企業に偏らない形で行われることだろう。具体的には、ある産業内の競争を促進させるために全ての企業を対象に補助金を支給する、あるいは新しく生産性の高い企業を奨励する政策などが該当する。企業間の競争を促進するよう適切にデザインされた産業政策は比較的うまくいくことが多い。

「望ましい」産業政策を考える上でもう一つ重要なのは、「市場規模の大きさ」、すなわち国内・国外を問わず自国産業の生産物に関する十分な需要を作り出すことだと筆者（梶谷）は考えている（梶谷、２０２４）。実は、こういった議論は、１９８０年代から90年代にかけて、日本の産業政策に理論的な根拠を与える目的で行われた一連の研究でも強調されてきた。

たとえば伊藤元重、奥野正寛らの東京大学の研究グループは、新興国のキャッチアップ戦略として産業政策を肯定的に捉えようとする基本姿勢を明らかにしている。まだ工業化が進んでいない新興国ではインフラも技術も不足しているため、それをそろえるための初期費用が必要となる。そのため先進国企業と競争しても勝つことは難しい。国内産業が発展し競争力を持つまでは、政府による補助金の付与や外資の参入規制、保護関税や輸入規制などで国内企業を守る、いわゆる「幼稚産業保護政策」を採用することが有効だ（伊藤・清野・奥野・鈴村、１９８８）。

こうした場合、特定の企業を優遇して育てるのではなく、国内市場の規模を拡大させることが重要である。それは最終製品だけではなく、中間財の役割に注目するとよくわかる。

理論経済学を専門とするノースウェスタン大学教授の松山公紀は、近年研究が進んできた独占的競争モデルを使って、国内市場の拡大が、そのような産業内における分業をもたらすメカニズムを明らかにしている（松山、１９９４）。

たとえば、ＥＶのような最終財の市場規模が拡大し製造する企業数が増大すると、バッテリーや金属・電子部品などの中間財を供給するサプライヤーも増加していく。多様な中間財を供給するサプライヤーが増加することで、分業が進化し、競争による生産コストの低下が進む、つまり生産性が向上するという状況が生まれるのだ。その結果、どこか一つの企業の製品だけではなく、その市場全体で最終財の価格は安くなっていくというわけだ。

これらの議論は、いわゆる規模の経済が働く分野では、需要拡大型の産業政策が効果的に働く可能性を示唆している。たとえば、インフラの提供、消費者に対する免税措置や購買補助金などの消費促進政策によってまず市場を拡大する。拡大した市場に中間財サプライヤーの新規参入が増加する。その結果、最終製品が安くなれば、政府の支援がなくなっても産業は自然と発展していくという好循環につながるからだ。

以上の考察は、これから説明していく「NEV産業を育成するために国内市場の拡大を目指した産業政策の結果、コストの低下による過剰生産によって国内市場の飽和を招き、西側先進国との通商摩擦を招くほどのメーカーによる輸出攻勢をもたらす」という、近年の中国で起きた一連の流れに、経済学の観点から整合的な説明を与えてくれるだろう。

NEVへの補助金の実態

では、あらためて中国のNEVに対する補助金について検討してみよう。前掲の表7-2で示したように、中国のNEV補助金の中で大きなウェートを占めるのは、購買補助金ならびに税の免除である。これらの補助金は特定の企業を優遇するものではないため、総額は販売台数に対応している。そうした意味では、過去に中国の地方政府が地元の自動車企業に対して行ってきた、域内保護主義的な補助金、優遇措置とは大きく異なっている。

NEV普及の政府支援はこれだけにとどまらない。地方政府が主体となって進められてきたが、重要なのが充電インフラの整備だ。独立行政法人エネルギー・金属鉱物資源機構の井下浩良によれば、国家発展改革委員会は2023年5月末時点で充電設備設置台数は636万台だと発表しており、これにはAC低速充電、DC高速充電、高電力充電、ワイヤレス充電などが含まれている（井下、２０２３）。重要な点は購買補助金と税の免除と同じく、充電インフラの整備もメーカーを問わず、すべてのＮＥＶが恩恵を享受した点にある。特定のメーカーを優遇するのではなく、まずはＮＥＶの需要を広げることに重点を置いた政策だった。

購買補助金・税免除にせよ、充電インフラ整備にせよ、その主眼は特定のメーカーをひいきすることではなく、市場全体の拡大を目指すことであった。この市場の拡大が完成車メーカーと部品（中間財）メーカーの新規参入を促し、中国ＮＥＶ産業の生産性を向上させたと考えられる。

中間財メーカーの成長で象徴的な存在が車載バッテリーだ。もともとは日韓が強い分野だったが、２０２３年時点でＣＡＴＬ（寧徳時代新能源科技股份有限公司）が首位、ＢＹＤ（比亜迪股份有限公司）が2位と中国企業2社で世界シェアの約半数を占めている（井下、２０２３）。この他にＣＡＬＢ（中創新航科技）、Gotion（国軒高科）もグローバル企業として成長しており、今や中国バッテリーメーカーの製造シェアは圧倒的な世界一となった。では、中国のバッテリーメーカーはなぜこれほど強いのか、なぜこんなに短期間に成長できたのか。誰もが気になる問いだが、個別の企業を見ていても答えは得られないだろう。これらのバッテリーメーカーの躍進は、EVという最終需要が拡大したことにより、中間財生産の分業が高度化した結果として理解すべきだからだ。

このような完成車メーカーならびに部品サプライヤーの旺盛な市場参入を受けて、中国EVの価格下落は急ピッチで進んでいる。筆者（高口）がBYDの財務報告書から独自に計算したところ、年平均15％程度のペースで1台あたりの製造コストが下がっている（表7−3）。

一方で、EVの生産が過剰になっているという内外からの批判を受けて、政府によるEVの購買補助金は2019年には大きく削減され、2022年末には廃止された。競争激化と、補助金の削減という国内市場における逆風を受けて、多くのEVメーカーがその市場を海外に求めて輸出攻勢をかけるという戦略を採用したものと考えられる。

ただ、政府の産業政策の恩恵を受けずに大きな発展を見せた産業もある。巨大な国内市場に、中国企業が大挙参入し、コストパフォーマンスの良い製品が作れるようになり、その製品が輸出されていく。このような現象はたとえば、2000年代半ばから2010年ごろまで世界を席巻した、山寨機《さんさい》（ノンブランドの携帯電話）を彷彿とさせる。山寨とは山の砦《とりで》という意味で、政府の支配を受けない山賊からこのネーミングになったという。山

表 7-3　BYD の財務状況

	2021	2022	2023
自動車及び関連製品売上（億元）	1124.9	3246.9	4834.5
粗利率	17.39%	20.39%	23.02%
乗用車販売台数	55.5	178.1	301.3
平均製造コスト削減率	—	13%	15%

出所：BYD 財務報告書をもとに筆者作成

寡機は、産業政策による支援など一切ない状況の下でその市場が爆発的に拡大し、それがさらなる市場参入と生産コストの低下をもたらした例として興味深い。

中国ではもともと、携帯電話製造はライセンス制だった。少数精鋭の企業を大きく育てるという、古い産業政策的発想が強かったためだ。現実問題としても携帯電話の製造には高度な技術力とノウハウが必要で、新興企業が参入することは難しかった。この状況を変えたのが台湾の半導体企業メディアテック（聯發科技）である。彼らが製造したＳｏＣ（システム・オン・チップ、処理装置を中心に携帯電話に必要な半導体などの部品を実装した集積回路）は広く流通し、事実上どんな零細事業者でも購入することができた。そうした事業者は、ライセンスを取得していないのはもちろん、電波強度などの検証も受けていない。いきおい、有名ブランドのコピーや、他社とほぼ同じ設計にわずかに改良を加えただけの怪しげな端末が市場を席巻することになった。

こうして簡単に参入できる条件が整うと、携帯電話製造事業者の数は爆発的に増えた。中国の電子産業に詳しいアジア経済研究所の丁可《ディンクー》らが2010年代にまとめた報告書によれば、中心地である広東省深圳市では、最盛期の製造事業者数は1500社に達したという。そうしたメーカーを支える設計支援、ケース製造、部品販売、梱包材制作、物流などの関連企業も集積した。当初は中国国内での販売が中心で、2005年には中国市場向け3100万台、輸出600万台だったが、2011年には国内向け2200万台、輸出2億3300万台と圧倒的に輸出が多くなった。先進国にはほとんど輸出されていないが、東南アジア、東欧、アフリカ、南アフリカなどの地域で受け入れられたのだ（潘・劉・袁、2011）。

「殺到する経済」が原動力に

中国製EVの台頭に、巨額の補助金をはじめとする産業政策が重要な役割を果たしていたことは間違いない。しかし、一時期に比べると、国内・海外のEV市場が拡大した現在、その重要性はむしろ低下しつつある。たとえば、すでに述べたようにEVの購買補助金は

２０２２年末に終了している。また、２０１８年から導入されたダブルクレジット規制政策は、メーカーや輸入企業に対して生産・輸入台数に占めるＥＶの比率が一定数以上に達することと、平均燃費の規制を求めるもので、達成できなければ他社からクレジット（基準の超過達成によって得られたポイント）を購入する必要があった。しかし、現状ではこの規制はほとんど機能していないといわれる。政府の想定よりもはるかに早いペースでＥＶが普及しているため、ほとんどの企業は基準比率を達成しているほか、クレジット購入価格も安いためだ。

さて、中国の産業政策を考える上でＥＶが重要であることを繰り返し述べてきたが、ここで中国におけるＥＶ台頭の経緯を改めてまとめてみよう。

まず、様々な産業政策が中国国内のＥＶの需要を拡大させ、それによって生じた消費ブームに「殺到する企業」の市場参入をもたらした。多くの企業の市場参入は、中間財部門における競争を通じた製造コストの低下につながり、ますます需要を拡大するという好循環を生んでいった。このような好循環が続いている限り、一時期は大きな役割を果たした購買補助金がなくなっても製造コストの低下は続いていく。一方で、現在のように国内市場の拡大が頭打ちになると、十分に競争力をつけた企業はさらなる市場の拡大を求め、その製品は海外にあふれ出していく。

このような市場の拡大と「ブームに殺到する企業」の組み合わせによって一気に生産能力が拡大する現象を、中国経済の観察者たちはこれまで「殺到する経済」あるいは「多産多死」と表現してきた。その意味で、現在のEVブームと、20年ほど前に起きた山寨機のブームは、基本的な構造は同じものだと筆者は考えている。もちろん、後者が基本的に政府の介入がほとんど存在しないところで生じたのに対し、EVは政府の強力な後押しを受けている点は大きく異なる。しかし、これらの現象に共通するのは、需要が急激に拡大したことが、産業の新たな分業体制を自発的に生み出し、さらには新規企業の参入を生み出し、生産性の向上をもたらすという点である。市場の急速な拡大と、「殺到する経済」の組み合わせによって成長を続けていた中国経済は、そもそも特定の産業において生産能力過剰の状況を招きやすい体質を抱えていると言えよう。

「自国市場効果」で拡大する産業

さて、ここまで主にEVを対象として中国製品の生産規模と生産性がどのような仕組みで実現してきたかを見てきた。ここで改めて章の冒頭で取りあげた「チャイナショック」

の議論に戻ろう。

１９９０年代末から21世紀初頭にかけてのチャイナショック１・０と、現在の２・０では中国の製造業が置かれた状況は根本的に異なる。１・０ではきわめて安価な非熟練労働力を豊富に持つ中国が世界経済に接続されたことで、労働コストが重要な産業では先進国が競争力を失い、雇用減につながったという流れであった。これは経済学の伝統的貿易理論で説明できる。伝統的貿易理論では土地、労働、資本などの生産要素の状況によって、特定の国のどのような産業が比較優位を持つかが決定される。中国が比較優位を持つ労働集約的な産業での輸出が増え、比較優位を持たない先進国ではその産業が衰退するという、シンプルなストーリーである。

しかし、ＥＶや太陽光パネルなどの産業で起きているチャイナショック２・０は、伝統的な比較優位論では説明できない。参照すべきは新貿易理論である。この理論は１９８０年代にポール・クルーグマンやエルハナン・ヘルプマンらによって研究されたもので、たとえ労働や資本などの生産要素が同じ二つの国があったとしても、企業立地の偏りによってそれぞれの国の生産コストに違いが生まれ、片方の国が比較優位を持つことを理論的に示した。

その重要な発見の一つに「自国市場効果」がある。これは、ある産業について大きな国内市場を擁する国には、その需要を満たす以上の企業が集積するようになり、その結果比較優位を持つようになるメカニズムを述べたものだ。この効果について、具体的に説明してみよう。まず、ある国の市場が大きいと、その市場をターゲットにして様々な種類の企業がその国で生産するようになる。その国では豊富な種類の最終財が購入できるようになるため、より低い実質賃金で多くの消費者＝労働者を引き付けるようになる。その結果、一層の市場の拡大と、生産性の上昇が同時に生じることになる。もう一つの効果としては、最終需要が増えることでさまざまな中間財が生産されるようになり、分業の効果が働いて生産コストが低下することが挙げられる。

勘の鋭い方であればもうお分かりだろう。このプロセス、特に後者は本書がこれまで「需要拡大型の産業政策」として述べてきたものとほとんど同じものである。つまり、特定の産業の最終需要が拡大することはその産業の生産性を高めるが、そのことを開放経済、すなわち複数の国同士が取引を行う経済の視点から見た場合には、自国の国内市場が大きくなることで、その産業が他国に対して比較優位を持ち、したがって輸出を拡大させるという結論が導かれるのである。

中国製ＥＶの輸出攻勢は、典型的な自国市場効果に支えられたものだと言えるのではないか。そもそも、中国でＥＶの生産が拡大したきっかけは、購買補助金をはじめとしたさまざまな需要拡大型の産業政策により国内市場が急速に広がったことにある。そこに完成車メーカーと中間財企業が殺到するように参入して製造コストを引き下げ、それがさらに新規企業の参入を招く、ということが繰り返された。その結果、ＢＹＤのように補助金なしでも圧倒的な価格競争力を持つメーカーが誕生したのだ。

補助金は出発点では影響したとはいえ、今やその力に頼らずとも中国メーカーは強い競争力を持つ。先進国はこれをどう受け止めるべきだろうか。米国やＥＵは関税引き上げによって中国製ＥＶの輸入を食い止めようとしている。これはいわゆる戦略的通商政策と言われるものだ。戦略的通商政策の代表例としては、１９８０年代、フランスに本社がある航空機メーカーであるエアバスが補助金によってシェアを伸ばし、米国がその対抗策として制裁措置を検討したことが挙げられる。まず、特定の産業で自国企業（エアバス）の競争力を付けたいフランス政府は、外国の有力企業（ボーイング）に対して輸入関税をかけると同時に、エアバスの輸出には補助金を付けて、より海外での需要を増やそうとする。すると、挑戦を受けた米国政府は、今度は自国企業のボーイングを保護する政策を検討する。これが典型的な戦略的通商政策で、外国のライバル企業を自国市場から締め出すと同時に、自国の企業の市場を広げることで自国市場効果を働かせ、人為的に比較優位をつくり出そうとするものと言える。ただ、このような露骨な自国産業の保護がエスカレートすると、明らかに自由貿易の原則が踏みにじられるので、現実にはＷＴＯのルールによって厳しく禁じられてきた。話を現在の米中対立に戻すと、バイデン政権はトランプ政権の対中国関税引き上げを継承し、一部品目についてはさらなる引き上げをおこなった。同時にインフレ抑制法など、製造業に関する産業政策を採用してきた。さながら、30年以上前の戦略的通商政策が復活してきた感がある。

だが、１９８０年代の航空機をめぐる争いとは異なり、現在のＥＶでは中国の比較優位はすでに確立している。その点では、今回のチャイナショックは、同時期の自動車産業における日米貿易摩擦と似ていると言えよう。当時の状況では、いかに産業政策を発動しても、もはや米国自動車メーカーは日系メーカーに追いつくことは困難だった。結局、日系メーカーが摩擦回避のために現地生産を拡大させることで事態は沈静化することとなった。しかし、現在の国際政治情勢を考えると、中国企業には米国での生産によって和解を図るという選択肢は残されていない。このため、米中両国の妥協は極めて難しくなっている。

欧米と中国の摩擦を激化させる「競争力」幻想

さて、ポール・クルーグマンは新貿易理論の代表的研究者であり、その意味では戦略的通商政策に理論的な根拠を与えた一人と言える。一方で、彼は１９９４年に「競争力という危険な幻想」という論文を発表し、米クリントン政権における戦略的通商政策のエスカレーションに警鐘を鳴らした（クルーグマン、２０００）。１９９０年代は、多国籍企業の海外展開、グローバルなサプライチェーン構築が盛んな時期でもあった。言うまでもなく、その動きは２００１年の中国のＷＴＯ加盟によって一層加速する。このような急速なグローバリゼーションの進行は、国家を分析単位としていた新貿易理論、この理論を根拠とした戦略的通商政策を時代遅れなものとした。

グローバリゼーション時代を象徴する貿易理論として登場したのが、ハーバード大学教授のマーク・メリッツらによるいわゆる「新々貿易理論」である。従来の貿易理論は国同士を比較対象とし、ある国の中の企業はすべて同じ生産性を持つと仮定してきた。これに対し、新々貿易理論は企業ごとに生産性が違うことを前提としたもので、世界の自由貿易が進めば進むほど生産性の低い企業が淘汰され、生産性が高い企業へと資源が集中することを強調した。すなわち新貿易理論の結論とは全く逆に、すべての国の関税を引き下げ、生産性の高い多国籍企業に自由にサプライチェーンを構築させることで、全世界の生産性が向上し、人々はより豊かになることを示したのだ。この観点から言えば、国の競争力という〝幻想〟に囚われた戦略的通商政策は、経済成長を阻む愚かな選択のように見えた。

しかし皮肉なことに、チャイナショック2・0への反発として戦略的通商政策が大々的に復活しつつある今、かつてクルーグマンが行ったような反論はほとんど聞こえてこない。冷静さが失われているのは、中国をめぐる通商問題が安全保障と結びつけられているからという側面もあるだろう。もはや経済の次元を超えた問題なのだから、経済学的に愚かであってもいたしかたないということなのか。

それにしても、安全保障上の懸念から国内の造船業を復活させるべきだ、あるいは港湾用クレーンはほとんどが中国製だから危険だなどという極端な意見までが、米国内で大手を振ってまかりとおるようになったことには驚かされる。そもそも、造船業はすでに米国内で完全な衰退産業となっており、その復活はきわめて困難だ。世界の海上物流において、中国製船舶が圧倒的なシェアを持つことがアメリカ経済にとってリスクとなりうる……という懸念は理解できないわけではない。ただ、この論理を突き詰めていけば、「国家の競争力」という幻想に駆り立てられた生産拡大競争の果てに、どちらかが疲弊して退出する道しか残されていない。はたして、米中両国の政府当局者が、この愚かさに気づく日は来るのだろうか。

第7章の小括

本章ではＥＶを主な事例として、中国の生産能力過剰の問題を取りあげた。その論点は以下のようにまとめられる。

- 中国製品が大量に輸出され、各国の反発を招いている。
- １９９０年代末から２０００年代初頭のチャイナショック１・０では鉄鋼や電化製品などが中心だったが、現在のチャイナショック２・０ではＥＶなど高付加価値の新興産業のプロダクトも含まれる。
- なぜ中国製品は安いのか。不正な補助金支給が要因と見られることも多いが、実際には特定企業を露骨に優遇するような産業政策は主要なものではない。
- 補助金によって市場を拡大、結果として参入企業が増え、競争が激化し、価格が下落するという、新たな形態の産業政策が成功している。

競争力の強い産業を生み出すという意味では、ＥＶをはじめとする中国の産業政策が成功したことは間違いない。しかし、その成功はあくまで生産側、ここまで何度も繰り返してきた供給サイドでの視点である。

この強大な供給力によって生み出された生産物を、一体誰に買ってもらうのか、という需要サイドの問題が取り残されている。本章冒頭で述べたように、輸出という道は各国の激しい反発を招いている。では、どのような解決策が考えられるのか？

次章でこの問題を考えていこう。多くの読者にとっては意外に思われるだろうが、中国の巨大経済圏構想「一帯一路」は、まさにこの中国の強すぎる供給力という問題と密接にかかわっているのだ。

（1）王力為・于海栄「求解産能過剰」『財新周刊』2024年4月29日

第8章　不動産バブルと過剰生産のゆくえ

不動産市場の低迷による需要の落ち込みと、その裏返しとしてのEVをはじめとする新興産業の生産能力過剰。これら二つの問題を同時に抱えている中国経済は、はたしてこの難局を乗り切ることができるだろうか。

本章では、第7章で取りあげた、EVをはじめとする新興産業という「光の部分」と、不動産バブルの終焉という「影の部分」をつなげる議論を行いたい。というのも、この二つの現象はいずれも「供給能力が過剰で、消費需要が不足している」という中国経済が抱える根源的な問題に由来している。別々の形で顕在化したものの、その根は共通している。中国政府もこの問題には気がついており、早い段階からある解決策を打ち出していた。それが途上国・新興国への積極的な資金輸出、「一帯一路」構想だ。以下では、「一帯一路」構想とはなんだったのか、その可能性と限界について改めて検討したい。

1.「質の高い一帯一路」は中国経済を救うか

過剰生産能力解消の手段としての「一帯一路」

消費需要の不足をいかに埋め合わせるかは、中国にとっては長年の課題だった。今は不動産市場の危機で経済全体が需要不足に陥っているわけだが、以前から中国政府は、不動産への過度な依存はバブルを急速に拡大させかねないと、代わりとなる需要拡大策を探してきた。そのなかで海外への輸出は一つの解決策だが、輸出の急拡大は貿易摩擦につながる。まさに今、欧米で「チャイナショック２・０」が喧伝されているように、だ。そこで貿易摩擦を生み出さない海外での需要創出策として考案されたのが、「一帯一路」に代表される積極的な対外援助であった。

習近平体制１期目の２０１４年頃から、中国政府は経済が「新常態（ニューノーマル）」と呼ばれる安定的な成長段階に入ったと主張するようになった。その対応として、市場メカニズムを重視した改革の継続、投資に過度に依存した成長路線からの転換、いわゆる「供給サイドの改革」がさかんに説かれるようになった。これはすでにみたとおりだ。

ほぼ同時期に、新たな成長の柱として、「一帯一路」構想が打ち出された。アジアとヨーロッパを陸路と海上航路でつなぐルートを作り、貿易を活発化させて経済成長を目指すという構想だが、国際的地位と軍事的プレゼンスの向上という中国の野心のあらわれとして解釈されることも多い。だが実際には、当初から生産能力過剰を抱える中国国内の経済対策という側面が強かった。中国国内では消費しきれない過剰な生産物は、海外に輸出する必要がある。中国国民は消費に消極的で貯蓄率が高い。投資依存の成長路線から脱却するためには、このマネーを国内ではなく、海外への投資に振り向ける必要がある、というわけだ。

実証研究からは興味深い事実が浮かび上がる。ハイデルベルグ大学教授のアクセル・ドレハーらの研究グループは、中国の公的対外資金援助のデータベースを構築した。このデータベースには2000年から2014年にかけて、開発途上国138カ国に実施された支援のデータが収録されている。その上で、どのような要因が援助額に影響を与えているかを分析している（Dreher et al., 2021）。

その結果、対外資金援助額の増加は、鉄鋼やアルミ、セメントなどといった生産財の過剰生産、そして外貨準備額の増加と相関していることが明らかとなった。すなわち、外交的な動機ではなく、過剰な国内資本や外貨準備を海外に「逃がし」、生産能力の過剰を緩和することが一帯一路に代表される対外資金援助の狙いだったのだ。

ただし、対外資金援助攻勢を通じて新興国の成長を促す、という意味での一帯一路構想

図8-1　中国の新興国向け純資金フロー

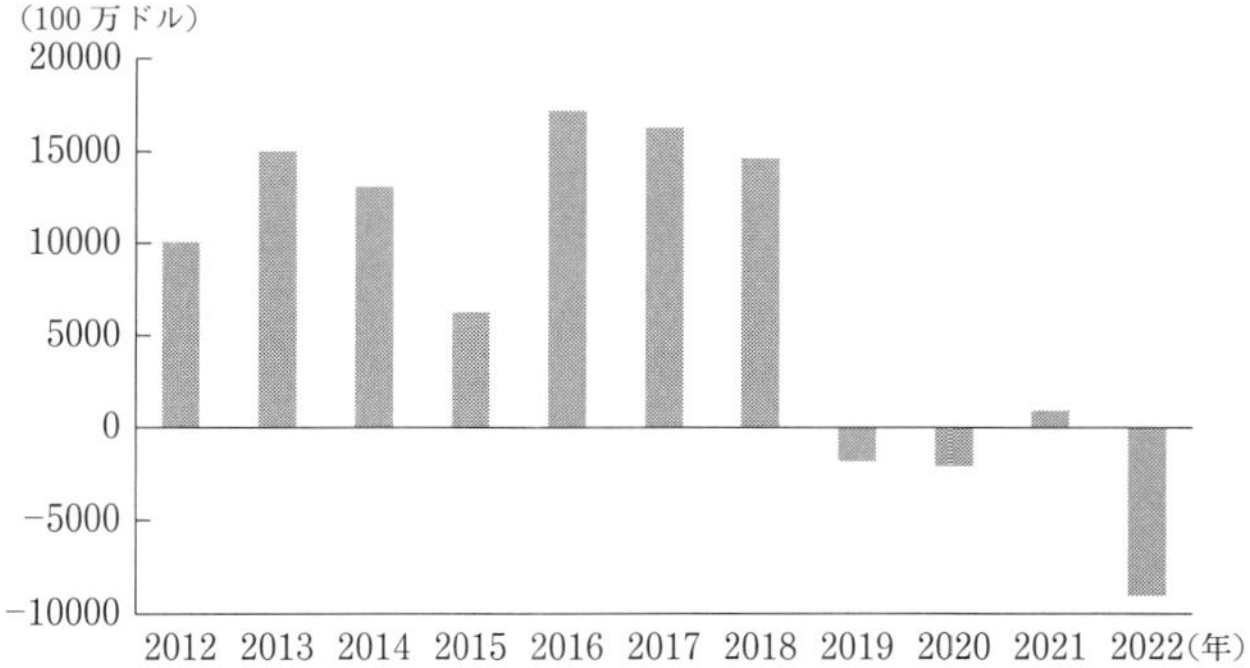

出所：World Bank International Debt Statistics
注：数字は中国から低中所得国への新規貸付から元利償還を差し引いた額。

は、長くは続かなかった。

図8-1は世界銀行の国際債務統計（International Debt Statistics）に基づく、中国から新興国への「純資金フロー」の推移だ。2016年をピークに減少し、2019年以降はむしろマイナス基調に転じている。これは新たな融資額を、償還額が上回ったことを意味する。このデータに基づき、世界銀行エコノミストのセバスチャン・ホーンらは、中国が資金提供者から債権回収者へと転じたと指摘している（Horn et al., 2022）。国内の余剰資金をなりふり構わず新興国・途上国に振り向けるという一帯一路の初期のイメージは、数年前からすでに実態とかけ離れていたといえよう。

では、あれだけ新興国への資金援助に積極的だった中国政府が、「内向き」の姿勢に転じたのはなぜだろうか。

一つ目の要因は、一帯一路が提起された2010年代前半は人民元高基調だった元－ドルレートが、現在ではむしろ元安に振れているということだ。一時は1ドル＝6元を割り込む寸前まで元高が進んだが、現在（2024年12月）は7元強にまでレートは戻った。その結果、元高期待によって資金が海外から流れ込み、過剰な流動性として不動産バブルなどを生み出すような状況は終焉している。元安が進んだ理由は、米国政府が保護主義的な政策や産業政策などを通じて国内の投資を増加させる政策に転じたことなどから、ドルへの上昇期待が高まっているからだ。一帯一路を通じた対外経済援助は通常ドル建てで行われるので、為替レートがドル高に振れれば中国が負担するコストが上昇するだけでなく、被援助国も返済のハードルが上がることになる。

二つ目の要因は、発展途上国の債務不履行のリスクが顕在化してきたことだ。前述のホーンらは、中国の対外融資のうち、債務危機にある高リスクの借入国に対する比率が2010年の約5％から約10年間で60％にまで増加したと指摘している。途上国向けの融資は国家開発銀行や輸出入銀行などの政府系金融機関が行うことが多いが、融資先についての十分な調査が行われてこなかった。その結果、融資は返済できず、債務整理・再編の対象となるケースが増えた。さらにコロナ禍が世界に広がると、Ｇ20は最貧国の公的債務返済を一時的に停止するためにＤＳＳＩ（Debt Service Suspension Initiative）と呼ばれる、債務の再編および支払不能や流動性問題などへの対処を支援するための共通枠組みを導入した。２０２０年以降、ＤＳＳＩの枠組みに基づく、中国の政府系金融機関による途上国債務の再編件数は急激に増加している。

三つ目の要因はウクライナ戦争の影響である。開戦後、欧米諸国はロシアの海外資産を凍結したが、これは中国にとっても衝撃的な事態であった。国際金融を専門とする、元中国人民銀行政策委員で経済学者の余永定《ユーヨンディン》は、西側諸国によるウクライナ侵攻後のロシアに対する金融制裁を踏まえ、中国が抱える多額の外貨準備が新たなリスク要因になると指摘している（余、２０２２）。米国がロシアに対して行ったように、中国の中央銀行が保有するドル建て資産を凍結すれば、中国が持つ海外資産の価値がゼロになってしまう可能性があるからだ。政策当局に対して、金融システムの改革によってその脆弱性を減らすこと、為替レートにできるだけ柔軟性を持たせること、国境を越えた資本移動の規模を縮小すること、さらに米国債の保有比率を減らし、債務のコスト構造を見直すことで、海外資産・負債の構造を調整し、外貨準備の規模を縮小していくことを、余は提言している。

また、前述のホーンらも、一帯一路に代表される中国の海外投資ブームが、ロシアとウクライナの戦争により深刻な障害にぶつかるだろう、と述べている。その根拠となるのは、中国の政府系金融機関がロシアとウクライナ、およびベラルーシに対して行っている融資額の大きさだ。彼らによれば、中国の国有銀行は2000年以降、ロシアに対しエネルギー関連の国有企業を中心に累積で1250億ドル以上の融資を行ってきた。中国はまたウクライナに対しても、農業とインフラストラクチャー分野のプロジェクトを中心に70億ドルほど、さらにベラルーシに対しても80億ドルほどの融資を行ってきた。この3カ国を合わせると、過去20年間の中国の海外向け融資の20%近くを占めるという。これらの融資が回収できなくなるリスクをウクライナ戦争は突きつけるものとなった。

「一帯一路2・0」への転換

「内向き」に転じた2019年頃から、習近平国家主席は一帯一路について新たな方向性を打ち出すようになる。それが「質の高い発展」への転換だ。その内実については、2023年10月開催の第3回一帯一路国際協力サミット・フォーラムで明らかとなった。中国経済を専門とする日本総研エコノミストの佐野淳也らによれば、一帯一路の方向性は徐々に変化してきたが、このサミット・フォーラムで公式に表明されたという（佐野・夵村、2023）。

サミット・フォーラムではグリーン投資やイノベーションといった「質」重視の姿勢への転換が打ち出された。習近平国家主席は、一帯一路に関する八つの行動計画を発表。電子商取引試験区の設置、職業教育、環境問題、人工知能（AI）、汚職防止といったソフト面の取り組み目標が多く掲げられた。中国の資材と資金で途上国・新興国にインフラを建設するという「一帯一路1・0」から、中国製品・サービスの輸出と中国式統治ノウハウの伝授という「一帯一路2・0」への転換が鮮明に示されている。

また、一帯一路にかかわる企業の顔ぶれも変化した。「一帯一路1・0」の主要プレイヤーは融資を担当する国有銀行であり、大型インフラ建設を受注する国有企業であったが、「2・0」では民間企業がクローズアップされている。

「質の高い発展」を目指す一帯一路によって、「新三様」（EV、太陽光パネル、車載バッテリー）は途上国・新興国に輸出されていくのだろうか。すでに先進国は「チャイナショック2・0」への警戒を強めており、これらの製品を大量に輸出すれば貿易摩擦は避けられない。ならば、新興国市場が代わりのはけ口となってくれはしないものか、という発想も出てくる。

実際、北京大学教授の黄益平《ホアンイーピン》は、発展途上国に対して巨額の融資を行い、その代替として新三様の輸入を受け入れさせるとの方策を提言した。(1)黄はこれを中国版「グリーン・マーシャル・プラン」の実施だと位置づけている。第二次世界大戦後、米国は欧州諸国の復興援助計画「マーシャル・プラン」を実施した。これは、共産主義陣営の拡大を防ぐという地政学的目的に加え、欧州との貿易活発化による米国経済振興策という経済的側面もあわせ持っていた。援助資金の多くは米国から物資を買うための代金として使われたのだ。

ただ、現実には中国版グリーン・マーシャル・プランの実現は困難だろう。なぜならば、中国の政府系金融機関による対新興国融資はすでに頭打ちだ。EVや太陽光パネルを購入してもらうための巨額の資金を新たに貸し付けることは難しい。

また、途上国・新興国側としても、脱炭素を進める必要性があるとはいえ、中国の新三様を大々的に輸入することにメリットを感じないだろう。なんらかの国益を求めるのは当然だ。

分かりやすい例がタイのケースである。(2)中国からタイに輸入されるEV購入に補助金が支給されることとなり、中国EVメーカーは大挙してタイ市場に進出した。ただし、この補助金支給には条件があった。最終的にはタイでの現地生産が義務付けられているのだ。２０２６年までにタイでの現地生産を始めた場合には輸入台数の2倍以上、２０２７年に生産を始める場合は3倍以上の国内生産が義務付けられる。補助金を武器に中国ＥＶメーカーの工場誘致を目指したわけだ。野心あふれる中国企業は果敢に挑戦したが、タイ自動車市場の冷え込みもあり達成が困難な企業が多く、義務化の期限は延長された。[3]

また、中国政府もＥＶ工場の海外展開に対してジレンマに陥っている。中国メーカーの販売台数が増加すること自体は望ましいが、それが生み出す雇用、そしてＥＶの技術は中国国内に留めておきたいと考えているためだ。[4] 途上国・新興国は生産能力や技術の移転を求めてくるが、中国政府はそれを抑制しようとする。企業は板挟みの立場に置かれるだろう。

以上見てきた近年の一帯一路の変貌は、基本的に中国の国内事情によるところが大きい。では、これを一帯一路に参加を表明した国々はどのように見ているのだろうか。一つの傍証として、上述の「一帯一路国際協力サミット・フォーラム」に参加した首脳の数を見てみよう。２０１９年の第2回には約40名が参加していたのに対し、第3回では24名にまで減少している。「質の高い発展」というキャッチフレーズは、融資の供与という実利ほどの魅力はなかったと言えそうだ。そのことを示すように、第3回フォーラムの開催から間もない2023年12月には、先進7カ国（G7）で唯一参加していたイタリアが離脱を表明した。経済的な利益が得られないことが理由とされている。

このように、海外における需要拡大に向けた壮大なプロジェクトとしての一帯一路の前途は、きわめて多難だと言わざるを得ない。だとしたら、長年にわたり過剰な供給能力の最大の受け皿となってきた不動産市場が変調をきたした中国経済には、今後どのような未来があるのだろうか。以下ではこれまでの議論を踏まえ、不動産バブル終焉後の中国経済のゆくえを占ってみたい。

2．不動産バブル終焉後の中国経済

中国経済の停滞は「権威主義」の敗北といえるのか

中国経済の先行きが不透明さを増すにつれ、中国内外の著名なエコノミストがさまざまな診断、処方箋を発表、さながら百家争鳴の様相を呈している。ここでは代表的な議論として、「日本化」「権威主義体制下の限界論」「マクロ経済の視点」を紹介したい。

中国経済の「日本化」に関する議論はよく知られている。すなわち、両国とも製造業大国として高成長を続けながら、不動産市場のコントロールに失敗した。少子高齢化が急速に進行し、財政赤字の拡大とデフレに苦しむ……「失われた30年」と言われる日本の長期停滞を中国も繰り返すことになるのではないか。こうした、中国は日本と同じ道を歩むとの見方は以前から存在していた。また、中国政府も同じ過ちを犯さぬよう、反面教師として日本を研究していたという側面もある。

中国不動産市場の変調を受け、改めて「日本化」の議論は注目されている。第6章で紹介したリチャード・クーによる「バランスシート不況」はその代表的なものだ。「日本は長期停滞を抜け出すのに30年かかった。中国はまだ3年目だ」などと、中国が「失われた30年」にすでに突入したという見立ても広がっている。

日本化の議論は中国語圏で注目を集めているが、英語圏ではまた異なる議論が盛んに行われている。それは、中国経済の変調を「権威主義による短期的な成長の終焉」だとするものだ。代表的な論者が米ピーターソン国際経済研究所所長のアダム・ポーゼンである。

「中国経済の奇跡の終焉」と題したコラムで、鄧小平《トンシャオピン》以来続いてきた「権威主義体制下での自由な経済活動」という危うい綱渡りがついに終焉を迎えたと主張している(5)。

習近平政権は2017年党大会後に強権政治の色合いを強め、コロナ禍以降には政府による民間経済への介入が顕著となった。これが中国経済に大きな問題をもたらしたとポーゼンは指摘する。そもそも成長には自由な社会と法治が必要だというのが一般的な認識だったはずだ。ただし、強権的な独裁政権下では長期的な経済成長は見込めないという信念は、1980年代から長期にわたり力強く成長を続ける中国という強力な反例によって揺るがされてきた。

ポーゼンも中国の高成長は「政治問題に触れさえしなければ経済活動は自由に行える」という不文律に支えられてきたことを認めている。しかし、習近平政権の強権化のもとでそれは過去のものとなり、むしろ今の経済低迷につながっているというのが彼の主張だ。つまり、中国の衰退とは、ベネズエラのチャベス政権やマドゥロ政権、トルコのエルドアン政権、さらにはロシアのプーチン政権などと同じく、独裁政権でおなじみのパターンにすぎないという。それゆえにポーゼンは、中国政府は困難な現状を解決できないどころか、今後も民間部門への恣意的な介入と収奪を繰り返し、それにおびえる民間部門はますます萎縮して活力を失い、長期的な停滞の道をひた走るだろう、という悲観的な見解を述べている。

また一方で、問題はたんにマクロ経済政策上の失敗にあるとの主張もある。北京大学光華管理学院教授のマイケル・ペティスは、SNSで「長らく続いてきた投資依存型の成長モデル、そこから生じる家計部門における有効需要の低迷こそが中国経済の宿痾ともいうべき課題なのであり、現在の経済変調はその課題が顕在化したものだ」と主張した。そして、投資依存型の成長モデルの転換を進められなかったことは政府の失策だが、その責任を習近平政権のみに負わせることはできないと述べている。米コロンビア大学教授のアダム・トゥーズも、自身のブログで「体制転換を唯一の解決法として提示するポーゼンのような議論には、中国に住む多くの名もなき人々の生活への配慮が欠けている」として、ペティスの見解に賛意を示している。

筆者（梶谷）も、ペティスやトゥーズの主張に基本的に同意する。ここで私たちは、つい数年前、コロナ禍のさなかに、メディアで「権威主義政権のほうが経済活動にも感染対策にも成功している」という議論がまことしやかになされていた事実を思い出す必要がある。つまり、「権威主義／民主主義だから○○なのだ」という議論は、その時々の政治的な情緒に流されやすく、冷静な判断を曇らせる可能性が高い。

現在のようにマクロ経済上の問題が顕在化している状況において問われるのは、何よりも当局によって実施される金融・財政政策の妥当性である。民主主義であれ権威主義であれ、同じマクロ経済的課題に対する処方箋に違いはない。問題を正しく認識できるか、正しい解決策を考案できるのか、その解決策を実施できるのかといった部分において、民主主義、権威主義に特有の問題がつきまとうことはあるだろう。しかし、金融・財政政策が妥当なものかどうか、この根本を政治的な色眼鏡で見れば現実を見誤る。あくまでマクロ経済対策が正しく行われているかどうかがカギなのだ。

米国による経済制裁のゆくえ

中国経済の未来を考えるうえで、米国による経済制裁も大きな影響をもたらす要因となる。ここではもっとも代表的な半導体関連に絞って見ていこう。

米国の対中経済制裁は、当初は特定企業を対象としていた。特に知られているのが中国通信機器・端末大手のファーウェイ（華為技術）を対象とした制裁だ。2018年3月、同社製通信機器にバックドア（情報漏洩を目的とした不正プログラム）が仕掛けられているとして、米国の通信網から締め出すことが決定された。その後、矢継ぎ早に規制は強化されていく。2019年には米企業の輸出禁止対象となるエンティティ・リストに指定された。翌年にはこの規制措置を拡大し、米企業の技術やソフトウェアを使って第三国で製造された製品も輸出禁止措置に含まれるという、直接製品規制が導入された。ファーウェイが利用していた半導体の多くは台湾で製造されていたが、その設計には米企業のソフトウェアが使われている。そのためほぼすべての半導体が規制対象となった。

制裁が長期化、強化されていく中、中国は国内のサプライチェーンを強化することで、対抗しようとしてきた。中国は製造業大国ではあるが、半導体をはじめとして、一部の重要部品は海外に依存している。そうした産業は制裁リスクにきわめて脆弱だ。中国社会科学院世界経済・政治研究所シニアフェローの徐奇淵《シューチーイエン》によると、国際的なサプライチェーンが断絶するリスクに対し、どのようにして代替的な供給体制を整備するのかという問題は、中国国内でさかんに議論されてきた（CF40課題組、2021）。徐らは、電気・電子機器、機械・設備、光学・医療機器といった、特に脆弱性が高い産業では、中国の中西部地区を組み込んだバリューチェーン再構築を検討すべきと主張している。地域ごとに異なった傾斜税制の導入により、中西部地域への企業投資を促進すること、地元政府が対象産業の育成により積極的になるよう、地方政府のインセンティブと制約のメカニズムを改善することなどが具体的な手段として提言されている。

国際的なサプライチェーンを中国内部で代替する構想は、第6章で取りあげた経済改革プラン「国内大循環」の趣旨とも合致しているほか、すでに述べた一帯一路などを通じた対外投資資金の縮小、そして産業の国内回帰という「内向き」の姿勢とも共通している。

特に輸出規制における最大の焦点となった半導体について、中国政府は巨額の政府系投資ファンドの設立や補助金、優遇税制などの手段を駆使して、内製化を進めている。米国もこの動きに呼応し、さらに規制を強化した。例えば2022年8月にバイデン政権は、米国内に半導体工場を建設する企業に補助金を支出する根拠となる法律「CHIPSおよび科学法」を成立させた。同法は、補助金を受ける企業が10年間中国において28ナノ（ナノは10億分の1）メートル未満のプロセス技術を用いた先端半導体を生産できる工場を新たに建設することを実質的に禁じている。

また同年10月、米バイデン政権は半導体製造装置を含む、包括的な対中半導体規制を導入した。米国の要請を受け、オランダも2023年9月に輸出規制を導入。同国の半導体製造装置大手ASMLは、最先端EUV（極端紫外線）露光装置の対中輸出を禁止されることとなった。同年5月には日本政府も半導体製造装置の貿易管理規制を定めた法令改正を公布した。23品目の半導体製造装置の輸出に事前許可が必要となる（42の友好国・地域は除外）。名指しこそしていないものの、事実上の対中輸出規制だ。

こうした輸出規制は、技術面で劣勢にある中国の半導体業界にとって大きな打撃であることは間違いない。だが、これによって中国の半導体産業、そして電子機器など半導体を中核部品として利用する産業が衰退するとは断言できない。２０２３年、ファーウェイは中国国内で製造した半導体を用いた新たなスマートフォンを発売した。半導体の技術レベルを測る微細化は７ナノメートル相当と見られ、西側諸国からは数年の遅れがあるものの、大きな技術的突破を果たしたとして世界に衝撃を与えた。これ以上の微細化にはＡＳＭＬが独占的に供給しているＥＵＶ露光装置が必須となるが、台湾のジャーナリスト・林宏文によると、ファーウェイは２０２５年までの国産化を目標に研究開発を進めているとされる（高口、２０２４）。きわめて難易度が高い技術なので目標通りには進まない可能性はあるが、「中国の実力からすればいずれは開発できる」と林は見ている。

レガシー半導体は封じ込めを突破

また、半導体の問題について見過ごされがちなのは、世界における需要の大半は技術的には成熟したレガシー半導体だという点だ。例えば、米国が2022年10月の包括的な対中半導体規制でターゲットとしたのは、14／16ナノ以下の先端半導体だが、その数量ベースの市場シェアは数%程度だと言われる。つまり、数の上ではレガシー半導体の需要が圧倒的に多いのだが、その生産や輸出は特に規制の対象となっていない。レガシー半導体に関しては中国企業も十分に生産能力があるため規制しても意味がない、ということに加え、中国企業と取引のある米国の大手半導体企業に深刻な打撃を与えてしまう可能性があるからだ。こうして、レガシー半導体の分野ではむしろ中国企業の存在感が急速に拡大している。

半導体の進歩は何をもたらすのか？　コンピュータやスマートフォンの性能向上が真っ先に思いつくが、それだけではない。「産業のコメ」とも呼ばれる半導体は、今やさまざまな製品に組み込まれているが、そのほとんどがレガシー半導体だ。こうしたレガシー半導体の性能向上、価格低下はさまざまな恩恵を社会にもたらす。

中国ではレガシー半導体の製造技術、サプライチェーンが進化しているほか、そうした製品を設計する企業も増えている。この点について筆者は、中国における半導体集積回路の製造技術に詳しい、金沢大学の秋田純一教授に直接お話をうかがった。秋田教授によれば、レガシー半導体設計を担う中国中小企業は近年急速に実力をつけている。特にハードウェアのシリコンバレーといわれる深圳市では、市場のニーズに合わせてカスタマイズされた、少量多品種の専用半導体の開発などが盛んにおこなわれているという。

前述の林宏文によると、中国政府の半導体国産化戦略を受け、2000から3000社のIC設計企業が誕生したという。むろん、そのほとんどは実力不足であり、量産にまでたどりつく企業はわずか1％程度。台湾では50％は量産にまでたどりつくことを考えると、まだまだ無駄が多いことは事実だ。ただ、このチャンスに大量のプレイヤーが参入する現象は、まさに第7章で取りあげた「殺到する経済」に他ならない。この「殺到する経済」と「需要拡大型の産業政策」が結びついた結果、EVや太陽光パネルで中国は圧倒的な世界シェアを得るにいたった。

レガシー半導体の分野における中国の躍進は、かなり高い確率で実現する未来だろう。米国の制裁がレガシー半導体における中国台頭に結びつく――このような中国の「打たれ強さ」も、中国経済の未来を占う上では必須の要素である。

このような状況を踏まえると、本書の第7章で詳しく述べたような「需要拡大型の産業政策」と「殺到する経済」の結びつきによる経済成長のパターンは、非先端の半導体産業においても働いている可能性がある。そしてそれは、近年の米国による中国の半導体産業を対象とした厳しい制裁措置に対する、中国の製造業のレジリエンス（打たれ強さ）を高めることにつながっていると考えられる。

こうした「打たれ強さ」は中国の強みでもある一方で、過剰生産能力が常に温存され、その製品が海外に輸出されることで激しい貿易摩擦を引き起こすことにもつながりかねないという側面がある。最後に、中国の過剰生産をめぐる状況が、今後どうなっていくのかを検討しよう。

過剰生産のゆくえ

ＥＶに代表される新興産業の成長という「光」、不動産バブルの終焉という「影」。両者は「供給能力の過剰と消費需要の不足」という、中国経済の宿痾から生まれたものだ。高い貯蓄率と消費需要の伸び悩みによって生じた余剰資金は過剰投資を生み出す。過去20年にわたる不動産価格の高騰とは、過剰投資の対象が不動産市場となったことで生まれた。

図8-2　新規金融機関融資の動向

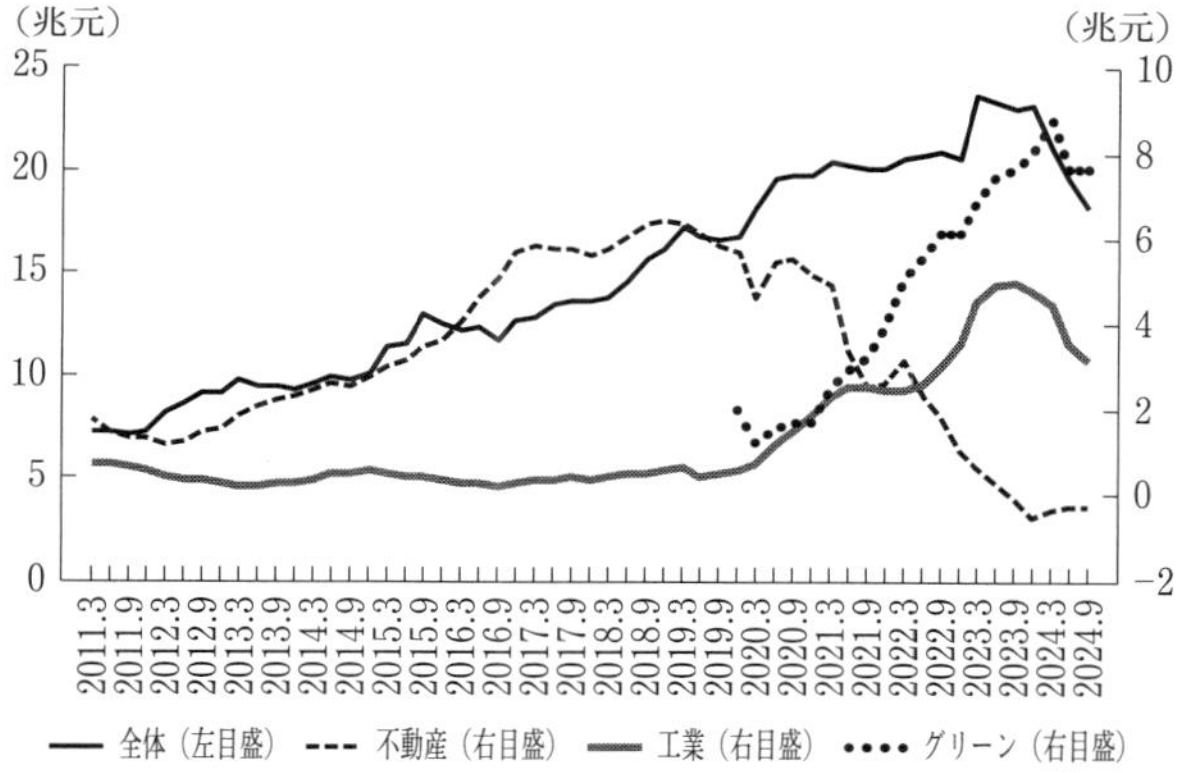

出所：財新数拠通、CEIC
注1：新規融資額は、各種融資残高額の年ごとの差額として求めた。
注2：「グリーン投資」と「工業投資」の間には重複が存在している。

その是正策として打ち出された一帯一路は、途上国・新興国に過剰投資のはけ口を求めるものだったが、すでにトーンダウンしている。目下大躍進している新興産業は、次々と行き先を変えてきた過剰投資の最新のターゲットというわけだ。

これは統計でも裏付けられている。図8-2は金融機関の新規融資の動向を示したものだ。融資額全体はほぼ一貫したペースで上昇しているが、その内訳には大きな異変が起きている。不動産向けの融資は2019年初頭をピークに急激に減少していく。それを埋め合わせるようにして、工業、グリーン産業への融資が増加している。つまり、不動産という行き場を失ったマネーが工業・グリーン産業に流れ込んだという構図だ。中国グリーンテックの成功をミクロの視点から捉えると、大手EVメーカーBYDに代表される個別企業の努力や技術力に目が行くが、マクロの視点から捉えてみると、過剰投資の産業間におけるシフト、という別の姿が見えてくるのだ。

中国政府に対して意地の悪い見方をすれば、「供給能力の過剰と消費需要の不足」という自国経済の宿痾に正面から対処することなく、不動産からグリーン産業に経済の牽引役を切り替えることでなんとか現状を乗り切ろう、というその場しのぎの姿勢が感じられる。2024年全人代の政府活動報告では、重点経済対策の筆頭に、現代的な産業体系の構築と「新しい質の生産力」の発展加速が掲げられたが、これは不動産からグリーン産業へのさらなる投資促進を認めるシグナルに見える。だが、第7章で述べたようにグリーン産業もすでに生産能力過剰となっていることは明らかだ。

一方、政府活動報告では財政赤字はGDP比3%以下という、従来と同水準に留めることも発表した。均衡財政を維持する姿勢を示したわけだ。一応、「積極的な財政政策を適度に強化する」との言葉もあったが、「消費需要の不足」を本気で解決しようという決意を感じる内容ではない。ハイテク産業によるイノベーション重視と財政赤字拡大回避は、

「中国製造2025」や「供給サイドの改革」など習近平政権誕生初期からの方針と共通している。「イノベーション駆動型の経済成長」を、供給サイドの効率化によって実現しようとする姿勢は、以前にも増して強まった感がある。

需要拡大路線への転換

もっとも、中国政府も需要拡大策を考慮していないわけではない。2024年3月の政府活動報告によると、地方政府などがインフラ整備などの目的で発行する、地方特別債の新規発行枠が前年から1000億元増の3兆9000億元に拡大された。加えて、総額1兆元の超長期特別国債も発行される(これら超長期の特別国債は、2024年5月17日に30年物、同5月24日に20年物がそれぞれ400億元相当発行された。発行当初は個人資金による投機的売買によって価格が乱高下し、深圳証券取引所は5月23日午前に国債の売買を一時停止する事態となった)。単年度ではなく、今後数年間にわたって分割して発行されるということだ。

GDP比3%以下とされた一般財政予算における財政赤字も、実際はもっと大きいとの指摘もある。ピーターソン国際経済研究所リサーチ・フェローの黄天磊《ホアンティエンレイ》は、「政府性基金会計」「国有資本経営会計」など一般財政予算に組み込まれていない財政収支、ならびに毎年の財政収支の繰り越し分をプールした「予算安定調整基金」の取り崩し分などを考慮すれば、2024年の実質的な財政赤字は前年比1・4ポイント増のGDP比7・2%となり、大きく拡大したと試算している（Huang, 2024）。

さらに2024年9月下旬、中国政府は一気に大胆な金融緩和に踏み出した。9月24日、中国人民銀行は預金準備率を0・5ポイント引き下げるほか、中央銀行が市中銀行に対して資金を供給する際の短期金利である7日物のリバース・レポレート、および中長期の金利であるMLF（中期貸出ファシリティ）をそれぞれ1・7%から1・5%、2・3%から2・0%へと引き下げる方針を発表した。これらは、2軒目以降の住宅頭金の購入資金に対する比率の引き下げ、既存の住宅ローン金利の新規ローン金利と同水準への引き下げなど、住宅市場需要の下支えや、大手国有銀行の資本増強の方針も併せて示される包括的なものだった。

一連の金融緩和は、米FRB（連邦準備制度理事会）が4年6カ月ぶりとなる利下げを決定したことを受けての措置だろう。米ドルの金利が高い状況で利下げすれば、急激な元安を招く可能性が高い。そうなれば、中国から資産を海外に移そうとする動きが広がりかねない。中国金融当局は景気を支えるためにもっと利下げをするべきと批判されてきたが、米ドルの動向にしばられて身動きできなかったという側面がある。だからこそ米国の利下げにすばやく反応して、一連の金融緩和を行ったのだと考えられる。

中国のとった金融緩和策に対して、株式市場はすぐさま好意的な反応を示した。それまで「中国離れ」が伝えられていた海外の投資家の間にも中国株を買い戻す動きが広がり、10月初頭の国慶節の連休をはさんで上海総合指数は急騰し、2年8カ月ぶりの高値を付けるなど、大きく上昇した。

続いて中国人民銀行は、中国国内の株式市場をさらに活性化させ、海外の投資家を呼び戻すための二つの政策を導入すると発表した(6)。一つ目は、中国国内の21の国立銀行に対し、上場企業およびその主要株主に株式の買い戻しや自社株を含む株式保有の増加を目的とした融資を行うよう奨励するものである。二つ目の政策は、証券、基金、保険の「スワップファシリティ（SFISF）」と呼ばれるものである。これは、適格な証券会社、投資信託会社、保険会社に対し、保有する債券や上場投資信託（ETF）、有力企業などの株式を中国人民銀行に担保として差し入れることを認め、その見返りとして、政府債や中央銀行手形などの流動性の高い資産を受け取り、それを資金調達に利用することを認めたものだ。

また国務院の住宅都市農村建設部の倪虹《ニーホン》部長も10月17日、地方政府が優良な住宅開発案件を選定し（ホワイトリスト作成）、商業銀行に融資を促す「不動産融資協調制度」の融資枠を年末までに10月16日現在（2兆2300億元）の倍近い4兆元に拡張し、不動産開発会社の資金繰りを支援するという方針を発表している。続く10月21日、中国人民銀行は対企業貸出の基準金利となる1年物のLPR（ローンプライムレート）、住宅ローンの基準金利となる5年物のLPRをともに0・25ポイント引き下げてそれぞれ3・1％、3・6％とした。このように、米国の高金利による元安圧力という重しが取れると、需要拡大路線に向けてまず金融政策が全面的に展開された。

ただし、景気の本格的な回復のためには追加の財政刺激策が欠かせない。例えば、IMFは8月初旬に発表した中国経済に関する報告書の中で、不動産問題の解決には今後4年間でGDPの5・5％相当、約7兆元の財政支出が必要だと提言を行っている（IMF, 2024）。中国政府は、このような積極的な財政出動を求める声にも応える姿勢を見せている。例えば藍仏安《ランフォーアン》財政部長は10月12日の会見で、政府が特別国債の増発や地方特別債の活用を通じて、大手国有銀行への資本注入や、在庫住宅の買取などの景気刺激策を行うことを明言した。

このなかでも特に注目されるのは、マンションの在庫を国有企業が買い取り、低所得者向けの保障性住宅に転換するという政策である。この政策については同年5月17日に基本方針が打ち出されたが、保障性住宅買取のための資金供給として、主要な銀行に対して５０００億元の融資枠を設定、うち60％の３０００億元の資金を人民銀行が再貸出として供給する、というものであった（9月24日には、１００％再貸出でまかなうことを公表）。しかし、中国全土の住宅在庫の買取には総額約４・２兆元の資金が必要となるとされる。みずほリサーチ＆テクノロジーズ調査部アジア調査チーム主任エコノミストの月岡直樹は、「５０００億元」の金融支援はその１割強にとどまり、「インパクトに欠ける」として批判している（月岡、２０２４）。

藍仏安財政部長による10月12日の会見では、地方政府による在庫住宅買取のための資金を、地方特別債の発行によって賄うことを認めると正式に表明されていた。銀行からの買取では不十分だという批判を受けて、地方政府が地方債発行という財政的手段を用いて、金融・財政の双方からそれまで進んでいなかった在庫住宅の買取を推進しようというものだ。

もう一つ、景気対策としての効果が見込まれるのが、地方政府が抱える債務の中央政府債務への置き換えである。これは、債務全体の安定性を高めるため、それだけで景気浮揚効果があるが、副作用として地方政府のモラルハザードが生じるという懸念がある。これについて、清華大学経済管理学院院長の白重恩《バイチョンエン》は、中央政府は巨額の債務に苦しむ地方政府の負担を特別国債の発行によって肩代わりすべきだが、その対象を、地方政府のコロナ禍における感染対策などの財政支出によって生じた、約4兆元の債務に限るべきだ、という提言を行っている(7)。

さらに、財政資金を通じた国有銀行への公的資金注入も重要である。日本の場合だと、バブル崩壊後10年以上経った2003年に、りそな銀行へ公的資金が投入された。こうした対応が中国でも実現すれば、資産価格の減少に伴う金融機関の救済措置としては素早い動きだといえる。

これらの一連の政策パッケージが次々と打ち出されたのを見る限り、現政権は現在の経済低迷の原因の一つが需要不足にあり、その解消のために積極的な金融・財政政策を行う必要性があることを十分に認識しているものと思われる。

消費需要の拡大は実現できるか

２０２４年9月下旬から始まった一連の経済対策は、中国経済の先行きを悲観的に見ていた海外の投資家やエコノミストに、その見解の見直しを迫るものであった。ただし、それがどの程度の効果をもつのか、現時点では未知数である。

まず懸念されるのは、今後財政出動がどのような目的で、またどのような規模で行われるのかが不透明だ、ということである。いまのところ、政府の優先課題は地方政府が抱える不良債権の整理にあるようだ。全人代常務委員会終了後の11月8日、藍仏安財政部長は今後5年間で地方債務対策に10兆元を投じるという追加財政政策を公表した。そのうち6兆元分は、地方政府がインフラ投資など特定の目的に充てるための地方特別債の新規枠の上限を２０２６年まで年2兆元引き上げることによって賄うとされる。また、残りの４兆元はすでに発行が決まっている地方特別債を流用する。

ただし、この措置は融資プラットフォーム（第6章参照）を通じた地方政府の実質的な債務を、地方債とスワップするものであり、前項であげた地方政府が抱える負債の中央政府負債への置き換えとは似て非なるものである。地域によって信用力に差がある地方政府から、基本的にデフォルトの可能性がない中央政府へと債務を置換する後者はそれだけで景気拡大効果を持つが、前者の場合は景気に対する直接の影響はないと考えられるからだ。この時の会見で財政部長の藍は、より狭義の景気刺激策、すなわち前項で述べたような財政資金を用いた国有銀行への資本注入、地方特別債を用いた在庫住宅の購入、そして貧困家庭への現金給付などについて引き続き検討を行うことを表明したが、市場では緊急を要する景気対策が先送りされたことへの失望感も広がった。

ＧＤＰを需要サイド、すなわち支出面から見た場合、その構成要素は最終消費、投資、海外への純輸出に大きく分けられる。需要刺激策がもっぱら「新しい質の生産力」に代表される設備投資に向かうのであれば、国内の供給能力は一層高まり、需給ギャップがより拡大する、つまり需要不足がさらに深刻化する可能性がある。それが輸出拡大につながれば、貿易摩擦がさらに激化する。本来は、減税や現金給付、社会保障の拡大や教育費ならびに出産にかかる費用の政府負担増といった最終消費が高まるような財政支出が必要なのだが、今打ち出されている対策には基本的に盛り込まれていない。

つまり、現行の対策では、「供給能力の過剰と消費需要の不足」という、中国経済の宿痾は残り続け、たとえ今回の経済危機をソフトランディングさせられたとしても、いずれ必ず新たな危機として噴出することになる。

現実問題として、株式市場が少し勢いを取り戻した後も、不動産価格の回復の兆しは見えず、消費拡大の見通しもいまだに立っていない。原稿執筆時点（２０２４年11月）で最新の実質ＧＤＰ成長率は２０２４年第３四半期の４・６％だが、増加分のうち最終消費の寄与率は49・９％に過ぎない。中国人民大学国際通貨研究所のエコノミスト張瑜《チャンユー》によると、最終消費の寄与率は２０２３年第３四半期の94・４％から４期連続で急速に減少している（張、２０２４）。

中国経済において、最終消費が大きく低迷することは珍しくないが、これまでは多くの場合、投資の増加がその穴を埋めていた。しかし、現在の消費の低迷の中で成長率を支えているのは投資ではなく、財とサービスの純輸出である。張によれば、２０２４年の第１四半期から第３四半期における純輸出のＧＤＰ成長への寄与率は23・８％であり、これはＧＤＰ成長を１・１ポイント押し上げる効果を持ったという。

中国のような経済大国が、経済成長率を純輸出の増加に大きく依存している状態は、明らかに持続可能なものではない。現在のように、米国やＥＵに対する貿易戦争を抱えている状況の下ではなおさらである。

本書でも述べてきたように、もともと、中国社会では賦課方式の公的年金による老後の生活の保障が十分ではなく、値上がりを続けるマンションの購入が公的年金に代わる老後の生活を保障する手段となってきた。少子高齢化が深刻化する中での住宅バブルの終焉は、あらゆる世代の消費マインドを急速に冷え込ませる効果を持ち、現時点ではこれが反転する兆しを見せていないのである。

現段階では中国政府の経済対策が最終的にどの程度の規模となるのか、そして景気回復につながるのか、空振りに終わるのかはまだ見えてこない。あるいは、きわめて強力な対策を打つことで一時的に経済を回復させることは可能かもしれない。本書で繰り返し述べてきたとおり、「供給能力の過剰と消費需要の不足」は中国にとって宿痾とも言うべき長年の課題であり、危機が表面化しそうになるたびに中国政府はこれを封じ込め、不動産やグリーン投資、あるいは一帯一路といった「殺到する経済」の新たなターゲットを見つけ出してきた。今回はかつてないほど危機が深刻化しているとはいえ、これまでと同様、危機を封じ込められる可能性もある。

だが、もし消費需要の不足を解決しないまま、再びなんらかのバブルを発生させて経済を回復軌道に乗せたとしても、数年以内には危機はより大きな形で再来するだろう。

中国経済の持続的な成長の実現のために、習近平政権は国内の消費需要拡大について、より明確なコミットメントを行う必要があることは間違いない。そのためには、一時的な景気刺激策の実施だけでなく、高齢者の生活保障の充実化や、教育費の政府負担の増加など、社会保障制度の改革も含めたより長期的な課題に取り組む姿勢が必要だろう。「供給能力の過剰と消費需要の不足」という、中国経済の宿痾を断ち切れるのか。中国経済は今この積年の課題をめぐって、21世紀に入って最大の分岐点を迎えているといっても過言ではない。それはとりもなおさず、冷戦の崩壊後急速に進んできた、経済のグローバル化にとっての分岐点とも重なるだろう。あなたがどれだけ中国のことが「嫌い」だったとしても、中国経済の行く末に無関心でいることができないのはそのためである。

（1）王力為・夏怡寧「黄益平：可推中国版〝緑色馬歇爾計画〟消化過剰産能」『財新網』2024年5月28日
（2）「EV普及策『EV3・5』を閣議決定、補助金の詳細明らかに（タイ）」『ビジネス短信（ジェトロ）』2023年12月27日
（3）「タイ、EV生産ノルマ緩和」『日本経済新聞』2024年12月14日
（4）「中国、EV先端技術を国内にとどめるようメーカー指導」Bloomberg, 2024年9月12日
（5）Posen, Adam S. "The End of China's Economic Miracle: How Beijing's Struggles Could Be

an Opportunity for Washington." *Foreign Affairs*, August 2, 2023.
（6） Zhang, Yukun and Feng Ding. "China Launches Tools to Boost Volatile Stock Market." *Caixin Grobal*, Oct 18, 2024.
（7） 程思煒「白重恩：疫情直接増加地方赤字4万億元　建議発行特別国債補缺口」『財新網』2023年9月22日

あとがき

本書は高口と梶谷の文字通りの共同執筆である。もちろん、一応の役割分担のようなものはあり、1章と5章および7章の第2節は高口、それ以外は梶谷が最初の原稿を執筆している。しかし、全体的な文体や用語の統一を図るため、最終的な原稿を完成するにあたってはお互いに相手の執筆分に対してもかなり遠慮なく手を入れている。文春新書編集部の西本幸恒氏、後藤祐実氏には、なかなか足並みのそろわない私たちの作業の調整を、しばしば休日を返上して献身的に行っていただいた。また、東京大学の伊藤亜聖氏には本書の草稿段階に目を通し、適切なアドバイスをいただいた。お三方にはこの場を借りてお礼を申し上げたい。

もちろん、このほかにも本書の執筆にあたっては多くの方から目に見えるあるいは見えない形でのご助力をいただいている。残念ながら、昨今の情勢の下では、私たちのような中国問題の専門家が定期的に中国を訪れ、その情勢をウォッチし、現地の人びとと議論を交わし続けることはますます困難になっている。それでもこのような本を出すことができるのは、ひとえにそうした多くの知人・友人あるいは家族たちのサポートのおかげである。そうした人間関係に恵まれたことに、改めて感謝の気持ちを述べておきたい。

２０２４年12月　梶谷懐

中国史を研究していた私がジャーナリストに転身したのは、北京五輪前夜の中国に留学したことがきっかけだった。多くの社会問題を抱えながらも、猛烈な経済成長を続け、熱気と楽観に充ちている中国。ポジティブな面もネガティブな面も、どちらもひたすらに「過剰」。その姿のとりこになった。だが、ついに「過剰」は限界を迎えようとしている。なぜ、中国はここまで「過剰」であり続けられたのか。そしてなぜ今、限界を迎えようとしているのか。私のキャリアの原点である、この「問い」に真正面から向き合う機会をいただけたことに感謝したい。

高口康太

参考文献

第1章

斎藤淳子（２０２３）『シン・中国人――激変する社会と悩める若者たち』筑摩書房
三尾幸吉郎（２０１９）『３つの切り口からつかむ図解中国経済』白桃書房
吉川祐介（２０２４）『限界分譲地　繰り返される野放図な商法と開発秘話』朝日新聞出版
中国老齢協会（２０２４）「第五次中国城郷老年人生活状況抽様調査基本数拠公報」中国老齢事業発展基金会ウェブサイト、２０２４年10月21日

第2章

石井知章（２０２０）「コロナショックで『中国の非正規労働者』が直面している深刻な現実」『現代ビジネス』２０２０年８月４日
澤田ゆかり（２０２１）「社会保障の課題分析―ポスト・コロナ時代のリスクに向けて」『日中経協ジャーナル』第３３５号
常凱（２０２４）「中国プラットフォーム雇用における不完全なる労使関係」（石井知章編著『ポスト・コロナにおける中国の労働社会』日本経済評論社）
Dai, Ruochen, Feng, Hao, Hu, Junpeng, Jin, Quan, Li, Huiwen, Wang, Ranran, Wang, Ruixin, Xu, Lihe and Xiaobo Zhang. 2021. "The impact of COVID-19 on small and medium-sized enterprises

(SMEs): Evidence from two-wave phone surveys in China." *China Economic Review* 67.
中国金融四十人論壇（２０２０）「政治局会議首提〝六保〟背後：就業市場巨大圧力如何緩解？」『新浪財経』２０２０年４月18日

第３章

楊晶晶（２０２４）「不動産市場の安定化を下支えするＰＳＬ」『金融ＩＴフォーカス』２０２４年３月号
陸銘（２０２２）「中国の都市化が直面する問題と当面の改革」『中国経済経営研究』第６巻第１号
Rogoff, Kenneth and Yuanchen Yang. 2021. "Has China's Housing Production Peaked?" *China & World Economy* 29: 1–31.
Rogoff, Kenneth and Yuanchen Yang. 2022. "A Tale of Tier 3 Cities." *NEBR Working Paper* 30519.

第４章

梶谷懐（２０１８）『中国経済講義　統計の信頼性から成長のゆくえまで』中公新書
片山ゆき（２０１８）「中国の年金制度について（２０１７）　老いる中国、老後の年金はどうなっているのか。」『ニッセイ基礎研所報』２０１８年６月28日
櫻川昌哉（２０２１）『バブルの経済理論　低金利、長期停滞、金融劣化』日本経済新聞出版
二神孝一（２０１２）『動学マクロ経済学』日本評論社
Ge, Jinfeng and Yangzhou Yuan. 2022. "Bubble into reallocation: How bubbles improve capital alloca-

tion in China." *China Economic Review* 75, 101823.
Tirol, Jean. 1985. "Asset Bubbles and Overlapping Generations." *Econometrica* 53: 1499–1528.

第5章

大川龍郎（２０２４）「中国ユニコーン企業の伸び悩み」独立行政法人経済産業研究所公式サイト、２０２４年2月15日

第6章

飯田泰之（２０２４）『財政・金融政策の転換点　日本経済の再生プラン』中公新書
梶谷懐（２０１８）『中国経済講義　統計の信頼性から成長のゆくえまで』中公新書
梶谷懐（２０２０）「竹中平蔵氏、中国社会でひそかに『大人気』になっていた」『現代ビジネス』２０２０年9月20日
片山ゆき（２０２３）「三次分配と保険（中国）」『基礎研レポート』２０２３年1月18日
田畑伸一郎・梶谷懐・福味敦（２０１９）「ロシア、中国、インドの中央・地方財政関係の比較」『比較経済研究』第56巻第1号
西村豪太・秦卓弥（２０２３）「中国は日本の〝失われた30年〟を再現するのか　リチャード・クー&津上俊哉『特別対談』」『東洋経済オンライン』２０２３年11月14日
西村友作・東善明・坂下栄人（２０２１）「中国地方政府債券の発行市場における市場メカニズム」『日本

銀行ワーキングペーパーシリーズ』No. 21-J-14.
ブランシャール、オリヴィエ（２０２３）『21世紀の財政政策』田代毅訳、日本経済新聞出版
リサーチ&アドバイザリー部中国調査室（２０２１）「『第14次5ヵ年（２０２１〜２０２５年）計画綱要』を公開〜リスク防止と安全保障の意識が高まる」『ＭＵＦＧバンク（中国）経済週報』第４９４期、２０２１年3月23日
Borst, Nicholas. 2022. "The Balance Sheet Constraints on China's Economic Stimulus." *Prevailing Winds*, August, 2022.
Das, Sonali and Wenting Song. 2023. "Monetary policy transmission and policy coordination in China." *China Economic Review* 82: 1-18.
胡舒立（２００６）「改革的成本和不改革的成本」『財経』２００６年1月23日
胡舒立（２０１０）「舒立対話・会診中日経済病？」『中国改革』２０１０年5月1日
中国社会科学院金融研究所宏観金融分析団隊（２０２３）『中国宏観金融分析』２０２３年第二季度、中国社会科学院金融研究所

第7章

伊藤元重・清野一治・奥野正寛・鈴村興太郎（１９８８）『産業政策の経済分析』東京大学出版会
井下浩良（２０２３）「中国新エネルギー車（ＮＥＶ）市場の現状と展望（２０２２〜２０２３年）」『金属資源情報』２０２３年9月13日

梶谷懐（２０２４）「需要拡大型の産業政策とその歴史的背景　中国の事例より」『国民経済雑誌』第２２８巻、第2号
クルーグマン、ポール（２０００）『良い経済学 悪い経済学』山岡洋一訳、日経ビジネス人文庫
高口康太（２０２２）「中国の消費者ニーズをつかむ小型・低速ＥＶ」『東亜』２０２２年5月号
松山公紀（１９９４）「独占的競争の一般均衡モデル」（岩井克人・伊藤元重編『現代の経済理論』東京大学出版会）
丸川知雄（２０２４）「ＥＶと太陽電池に『過剰生産能力』はあるのか？」『中国学・ｃｏｍ』２０２４年5月22日
Aiginger, Karl and Dani Rodrik. 2020. "Rebirth of Industrial Policy and an Agenda for the Twenty-First Century." *Journal of Industry, Competition and Trade* 20: 189–207.
DiPippo, Gerard, Mazzocco, Ilaria, Kennedy, Scott and Matthew, P. Goodman. 2022. *Red Ink: Estimating Chinese Industrial Policy Spending in Comparative Perspective*. Center for Strategic and International Studies.
Juhász, Réka, Lane, Nathan J. and Dani Rodrik. 2023. "The New Economics of Industrial Policy." *NBER Working Paper* 31538.
潘九堂・劉輝・袁泉（２０１１）「深圳山寨手机生産体系的起源和競争力分析」丁可編『中国山寨産業的生産流通体系』アジア経済研究所ＪＲＰシリーズ１５６

第8章

佐野淳也・厺村秀樹（2023）「一帯一路フォーラムから読み解く中国の巨大経済圏構想の行方」『日本総研 Viewpoint』2023年13号

高口康太（2024）「【半導体覇者・TSMCの秘密】米国工場より熊本工場が成功するワケ、30年の取材で明かされる〝独特の〟企業文化とは?」『Wedge ONLINE』2024年5月1日

月岡直樹（2024）「中国が住宅在庫の買い取り策を発表―金融支援のみで規模もインパクトに欠く―」『Mizuho RT EXPRESS』2024年5月27日

Dreher, Axel, Andreas Fuchs, Bradley Parks, Austin Strange and Michael J. Tierney. 2021. "Aid, China, and Growth: Evidence from a New Global Development Finance Dataset." *American Economic Journal: Economic Policy* 13 (2): 135–74.

Horn, Sebastian, Carmen M. Reinhart and Christoph Trebesch. 2022. "China's Overseas Lending and War in Ukraina." *VOX EUCEPR*, April 08, 2022.

Huang, Tianlei. 2024. "China's official deficit is no longer a meaningful measure as its budget system evolves." *Peterson Institute for International Economics*, March 19, 2024.

IMF. 2024. *PEOPLE'S REPUBLIC OF CHINA: IMF Country Report* 24 (258), August, 2024.

CF40課題組（2021）「全球産業鏈重塑与中国選択」『金融40人論壇』2021年6月17日

余永定（2022）「西方国家対俄制裁的影響和啓示」『愛思想』2022年3月29日

張瑜（2024）「消費的双重使命――9月経済数据点評」『新浪財経』2024年10月21日

梶谷　懐（かじたに かい）

1970年、大阪府生まれ。神戸大学大学院経済学研究科教授。神戸大学経済学部卒業後、中国人民大学に留学（財政金融学院）、2001年に神戸大学大学院経済学研究科博士課程修了（経済学）。神戸学院大学経済学部准教授などを経て、2014年より現職。著書に『「壁と卵」の現代中国論』（人文書院）、『現代中国の財政金融システム』（名古屋大学出版会、大平正芳記念賞）、『日本と中国、「脱近代」の誘惑』（太田出版）、『中国経済講義』（中公新書）など。

高口康太（たかぐち こうた）

1976年、千葉県生まれ。ジャーナリスト、千葉大学客員教授。千葉大学人文社会科学研究科博士課程単位取得退学。中国経済、中国企業、在日中国人社会を中心に各種メディアに寄稿。著書に『現代中国経営者列伝』（星海社新書）、『中国「コロナ封じ」の虚実』（中公新書ラクレ）。編著に『プロトタイプシティ』（高須正和共編、KADOKAWA、大平正芳記念賞特別賞）など。梶谷氏との共著は『幸福な監視国家・中国』（NHK出版新書）に続き、本書が2作目となる。

文春新書

1481

ピークアウトする中国《ちゅうごく》
「殺到《さっとう》する経済《けいざい》」と「合理的《ごうりてき》バブル」の限界《げんかい》

2025年1月20日　第1刷発行
2025年5月10日　第3刷発行

著　者　梶谷　懐
　　　　高口康太
発行者　大松芳男
発行所　株式会社　文藝春秋

〒102-8008　東京都千代田区紀尾井町3-23
電話（03）3265-1211（代表）

印刷所　理想社
付物印刷　大日本印刷
製本所　加藤製本

定価はカバーに表示してあります。
万一、落丁・乱丁の場合は小社製作部宛お送り下さい。
送料小社負担でお取替え致します。

ISBN978-4-16-661481-3

文春新書のロングセラー

磯田道史
磯田道史と日本史を語ろう
日本史を語らせたら当代一！　磯田道史が、半藤一利、阿川佐和子、養老孟司ほか、各界の「達人」を招き、歴史のウラオモテを縦横に語り尽くす
1438

エマニュエル・トッド　大野　舞訳
第三次世界大戦はもう始まっている
ウクライナを武装化してロシアと戦う米国によって、この危機は「世界大戦化」している。各国の思惑と誤算から戦争の帰趨を考える
1367

阿川佐和子
話す力
心をつかむ44のヒント
初対面の時の会話は？　どう場を和ませる？　話題を変えるには？　週刊文春で30年対談連載するアガワが伝授する「話す力」の極意
1435

牧田善二
認知症にならない１００まで生きる食事術
認知症になるには20年を要する。つまり、30歳を過ぎたら食事に注意する必要がある。認知症を防ぐ日々の食事のノウハウを詳細に伝授する！

1418

橘　玲
テクノ・リバタリアン
世界を変える唯一の思想
とてつもない富を持つ、とてつもなく賢い人々が蝟集するシリコンバレー。「究極の自由」を求める彼らは世界秩序をどう変えるのか？
1446